Vorsatz
Wille und Bedürfnis

Mit Vorbemerkungen über

die psychischen Kräfte und Energien und die Struktur der Seele

Von

Kurt Lewin

Springer-Verlag Berlin Heidelberg GmbH
1926

ISBN 978-3-642-50516-4 ISBN 978-3-642-50826-4 (eBook)
DOI 10.1007/978-3-642-50826-4

Vorwort.

Die Ausführungen über das Hauptthema stellen die Erweiterung eines für den IX. Kongreß für experimentelle Psychologie (München 1925) bestimmten Vortrages dar, den ich infolge einer Krankheit absagen mußte. Die „Vorbemerkungen", die einige Grundfragen der Statik und Dynamik des Psychischen betreffen, sind im Zusammenhang mit noch unveröffentlichten experimentellen Untersuchungen meiner Mitarbeiter über das Trieb-, Bedürfnis- und Affektleben erwachsen. Die vorliegende Arbeit ist in etwas erweiterter Fassung als I. und II. der Reihe der oben genannten spezielleren „*Untersuchungen zur Handlungs- und Affektpsychologie*" in der *Psychologischen Forschung* (Bd. 7, 4) erschienen. Redaktion und Verlag bin ich für ihre freundliche Einwilligung zur Sonderveröffentlichung zu Dank verpflichtet.

Inhalt.

I. Vorbemerkungen über die psychischen Kräfte und Energien und über die Struktur der Seele.

Einleitung: Theorie und Tatsache in der Forschung.
1. Die Gesetzlichkeit des Psychischen (S. 9).
2. Das Experiment (S. 10).
3. Elementenpsychologie und Geschehensgestalten (S. 12).
3a. Die Leistungsbegriffe (S. 16).
3b. Die phänomenologische Begriffsbildung des äußeren und inneren Verhaltens und die konditional-genetische Begriffsbildung (S. 18).
4. Über die Ursachen seelischen Geschehens (S. 21).
5. Die seelischen Energien und die Struktur der Seele (S. 29).
6. Die Gleichgewichtstendenz; die dynamische Festigkeit und Abgeschlossenheit der seelischen Systeme (S. 33).
7. Die psychischen Prozesse als Lebensvorgänge (S. 37).

II. Vorsatz, Wille und Bedürfnis.

Einleitung: Die veränderte Bedeutung des Vorsatzes in der modernen Willenserziehung (S. 40).

I. Einige Fakten.
1. Über den Einfluß der Zeit auf die Wirkung des Vorsatzes. Das abrupte Aufhören der Wirkung nach der Erledigungshandlung (S. 43).
2. Die Wirkung der Vornahme bei nicht vorherbestimmten Gelegenheiten und Ausführungen, sowie beim Ausbleiben von Gelegenheiten (S. 46).
3. Die Wiederaufnahme einer unterbrochenen Handlung (S. 49).
4. Das Vergessen des Vorsatzes (S. 52).

II. Theorie der Vornahmehandlung.
1. Die Entstehung eines Quasibedürfnisses als Wirkung des Vornahmeaktes (S. 57).
   a) Ausbleibende und unvorhergesehene Gelegenheiten (S. 58).
   b) Das Aufhören der psychischen Kräfte mit der Erledigung bzw. Ersatzerledigung (S. 59).
   c) Die parallelen Erscheinungen bei echten Bedürfnissen und bei Quasibedürfnissen.
      1) Echte Bedürfnisse und natürliche Aufforderungscharaktere (S. 59).
      2) Die Auswirkung der Quasibedürfnisse und der echten Bedürfnisse (S. 63).
      3) Die Fixation bei echten Bedürfnissen und bei Quasibedürfnissen (S. 67).
      4) Die Ersatzerledigung (S. 72).
   d) Der reale Zusammenhang zwischen Quasibedürfnis und echten Bedürfnissen.
      1) Quasibedürfnisse und entgegenstehende echte Bedürfnisse (S. 75).
      2) Quasibedürfnisse und gleichgerichtete echte Bedürfnisse (S. 76).
      3) Verschiedene Grade dynamischer Selbständigkeit (Abgegrenztheit) von Quasibedürfnissen (S. 79).
   e) Die Erinnerung an beendete und unbeendete Handlungen (S. 81).
2. Die Bedingungen des Entstehens eines Vorsatzes. Vornahmehandlung, „Willenshandlung" (beherrschte Handlung) und „Trieb"- (Feld-) handlung. Vornahme und Entschluß (S. 82).
3. Das Quasibedürfnis als konditional-genetischer Begriff (S. 88).
   Zusammenfassung (S. 89).

I.
Vorbemerkungen über die psychischen Kräfte und Energien und über die Struktur der Seele.

Die experimentelle Psychologie hat bisher zu dem Gegeneinander der Meinungen, die sich gegenwärtig um eine theoretische Erschließung des Trieb- und Affektlebens des Menschen, der zentralen Schichten des Seelischen bemühen, nur sehr vereinzelt begründete Stellung zu nehmen vermocht. Sie befaßt sich ganz überwiegend mit sogenannten sinnespsychologischen Problemen, d. h. mit Problemen der Wahrnehmung und in engstem Zusammenhang damit, der Vorstellung. Mit ihnen relativ nahe verwandt sind die experimentellen Fragestellungen über das intellektuelle Geschehen und das Gedächtnis. Diese Probleme insbesondere der Wahrnehmungspsychologie haben sich reich entwickelt und gerade in jüngster Zeit zu fruchtbaren und großzügigen Ansätzen geführt. Wenn demgegenüber die experimentelle Psychologie trotz aller historischen Bedeutsamkeit der Ansätze auf willenspsychologischem Gebiete bisher ohne eigentlichen Zugang zum triebhaften Geschehen und den tieferen seelischen Schichten geblieben ist, so spielen dabei eine ganze Reihe von Faktoren eine Rolle.

Äußerlich scheint es sich nicht selten um rein experimentell-*technische* Schwierigkeiten zu handeln z. B. um die Ohnmacht des Experimentators in bezug auf die Gestaltung des sozialen Milieus der Vp.; oder man denkt gar an Unzulänglichkeiten der apparativen Hilfsmittel, die z. B. bei der allzu großen Flüchtigkeit der zu untersuchenden Vorgänge eine exakte quantitative Feststellung der Zeitverhältnisse nicht gestatte.

Aber diese Schwierigkeiten dürften hier wie an anderen Stellen der Psychologie nur sehr zum Teil wirklich technischer Natur sein. Zeigt doch die Entwicklungsgeschichte der Wissenschaften, daß zumal bei jugendlichen Wissenschaften die Überwindung solcher zunächst ganz äußerlich anmutenden Forschungshindernisse aufs engste geknüpft ist an die Fortentwicklung der Theorien.

Für den experimentellen Forscher besteht eine in einem gewissem Sinne verwandte Spannung wie sie *Kierkegaard* auf einem ganz anderen Gebiete, nämlich vom religiösen Menschen beschreibt, die Spannung dessen, der ganz im Glauben und doch zugleich ganz in der erdgebundenen Wirklichkeit lebt. (Er spricht von dem Glauben an das Wunder, der zugleich ganz diesseitig ist, einem Glauben, der sich eigentlich selbst aufheben müßte, aber doch besteht.)

Auch für den Forscher besteht eine starke, wenn auch natürlich in vielem anders strukturierte, aber doch letzten Endes paradoxe und unlösbare Spannung; eine Spannung, deren Fruchtbarkeit davon abhängt, wie ernst an ihrer Lösung gearbeitet, wie vollkommen sie also als wirklich konkrete hic et nunc angreifbare und zu bewältigende Aufgabe erlebt wird.

Er muß einerseits ganz von der Theorie geleitet werden, ohne die alles experimentelle Tun blind und sinnlos ist und von deren Weite und Kraft die Bedeutung seiner Experimente abhängt. Das Vorwärtsschreiten in dieser theoretischen Sphäre zu immer tiefer und zentraler liegenden Punkten, von denen aus prinzipielle, die Totalität des Psychischen umfassende Ansätze möglich werden, bildet die entscheidende Bewegung seines Forschens; diese Sphäre ist die eigentliche Welt, die es zu gestalten gilt. Von hier aus gesehen hat jeder konkrete Einzelfall, dem der Forscher begegnet, nur eine *beispielhafte* Bedeutung und erscheint seinem eigentlichen theoretischen Gehalt nach letzten Endes problematisch und fragwürdig.

Andererseits will der experimentelle Forscher die Richtigkeit seiner Theorie am Experiment erweisen, d. h. an einem vollkommen konkreten, in einem bestimmten Zeitmoment, an einem bestimmten Menschen und einer bestimmten Umgebung sich vollziehenden psychischen Ereignis. Er muß die Brücke schlagen von der Theorie zu der vollen Wirklichkeit des Einzelfalles, der ja immer auch ein historisch einmaliges, nicht wiederkehrendes Faktum mit all der lebendigen Fülle seiner Eigenschaften und Bindungen darstellt, und zwar auch dann, wenn es von der Theorie her zunächst nur auf eine ganz bestimmte Seite an diesem Vorgang ankommt. Diese konkreten Sachverhalte, deren Position als Experiment der Forscher anerkennt, begegnen ihm nicht mit dem Habitus von etwas seinem theoretischen Gehalt nach Mehrdeutigen, irgendwie Problematischen, innerlich Unsicheren. Sondern sie treten ihm mit den Forderungen eines unerbittlichen Richters über Wahr und Falsch entgegen; sie sind das Forum, vor dem es sich erweisen soll, ob seine theoretischen Ansätze bloße Gespinste waren, wie hundert andere, oder ob sie das Recht einer begründeten Theorie besitzen. Und ein gut Teil von diesem Richteramt breitet sich von den experimentellen Fakten doch auch auf das unendliche Reich der täglichen und alltäglichen kleinen und großen psychischen Ereignisse aus, die irgendwie mit zu umfassen jede Theorie von sich aus beanspruchen muß.

Der Forscher muß von der Erkennbarkeit, der Rationalität der unzähligen gleichgültigen und erschütternden, lächerlichen und grandiosen Fakten, mit deren Unfaßbarkeit und Unerschöpflichkeit zu ringen sein tägliches Tun ist, auf eine sehr bestimmte handgreifliche

Art überzeugt sein. Er muß die Tatsachen und immer wieder *sie* offen und unbeschwert von aller Theorie ansehen und studieren; und muß doch gerade als experimenteller Forscher wissen, daß die Masse der sogenannten Tatsachen nur in ihrer Oberfläche einigermaßen klar und eindeutig, in ihrer Tiefe aber dunkel und meist vieldeutig ist, daß er, auf einige wenige experimentelle Fakten gestützt, mit souveränem Unglauben und Besserwissen nicht selten einem Heer von alltäglichen „Tatsachen" gegenübertreten darf, die scheinbar eine ganz andere Sprache reden als seine theoretische These, und daß schließlich jeder Schritt vorwärts gebunden bleibt an das Vorwärtskommen in der Sphäre der *Theorie*, an ihren Ausbau zu äußerster begrifflicher Konsequenz, größter Breite und Tiefe.

Diese Kluft zwischen der scheinbar abstrakten Theorie und der erdgebundenen Wirklichkeit des experimentellen Vorganges (die sich in der eben beschriebenen Doppelposition dieses Wirklichen selbst nochmals spiegelt) muß der Forscher in einer dauernden intensiven Spannung zu engster Bindung überbrücken. Er muß seiner Theorie eine Form zu geben vermögen, die in Entscheidungsfragen zwischen ihr und den Gegentheorien einmündet; er muß diese Fragen konkretisieren, derart daß je nachdem, ob die eine oder die andere Theorie richtig ist, eine bestimmte Art von Vorgängen in der einen oder aber der anderen Weise verlaufen würde. Er muß von den solcherart theoretisch bestimmten Vorgangs*typen* vordringen zu bestimmten konkreten Fällen, zu Beispielen, die nicht nur fingiert sind, sondern sich wirklich erzeugen lassen; diese lebendigen Beispiele, die immer auch eine reiche Fülle von durch die Theorie selbst nicht geforderten Eigenschaften besitzen, müssen trotzdem eine ganz eindeutige Beziehung zu den theoretisch wesentlichen Fakten behalten. Und endlich muß der Forscher gegen alle sachlichen und technischen Schwierigkeiten zum Teil äußerlichster Natur solche Fälle wirklich herstellen, ohne wiederum das theoretisch Wesentliche anzutasten oder auch nur zu verschieben.

Man wird die äußerlich technischen Notwendigkeiten, z. B. hier eine Stützlatte anzubringen, dort einen Leitungsdraht zu ziehen, die Tatsache, daß man den kinematographischen Aufnahmeapparat aus Gründen der Beleuchtung und des Strahlenganges der Linse an den und den Ort stellen muß, kurz, man wird die Gesamtheit der aus rein physikalischen Gründen notwendigen Einrichtungen für die Gestaltung des Versuches von *vornherein* zu berücksichtigen haben und kann sie nicht von den aus psychologischen Gründen gesetzten Versuchsumständen abtrennen, einfach deshalb, weil für die Vp. hier überhaupt kein Unterschied besteht. Sind doch, was man in der älteren Psychologie bisweilen vergessen hat, die „technischen" Einrichtungen des Umfeldes psychologisch nicht selten ebenso relevant wie die eigentlichen, als „Versuchsbedingungen" gemeinten „Reize".

Diese Brücke zwischen dem theoretischen, abstrakten Ansatz und der konkreten Wirklichkeit des experimentellen Einzelfalles läßt sich nun nicht mit wohl abgezirkelten logischen Einzeloperationen bauen. Es handelt sich nicht um Schlußketten, die in sich vorgezeichnet einfach richtig zu gehen sind. Die Arbeit setzt vielmehr häufig an beiden Seiten, ja nicht selten an vielen Punkten zugleich ein, abrupt, ruckweise bald hier bald dort einen Stein einfügend. Bisweilen dann wird der Versuch unternommen, von der Theorie her ein ganzes Stück in der Richtung aufs Konkrete vorzustoßen auf die Gefahr hin, daß die Brücke sich nicht ganz wölbt und sich ein halbvollendet Stück nur mühsam schwebend erhält. Eine Weile wohl kann man sich auch von experimentellen Tatsachen treiben lassen. Letzten Endes aber kommt es immer darauf an, diese Spannung zur Theorie und dem theoretischem Vorwärtsschreiten auch im Experimentieren in jedem Moment aufrecht zu erhalten, Umstände, die die theoretische Reinlichkeit der Entscheidung abschwächen, auszuschalten und jedes sich bietende Faktum auszunutzen, das die Theorie begründen oder widerlegen und über ihre derzeitige Position hinaus vorwärtstreiben kann. Für die Fruchtbarkeit und Bedeutsamkeit einer Forschung pflegt die Breite und Stärke der überbrückten Spannung entscheidend zu sein. Experiment und Theorie sind Pole *eines* dynamischen Ganzen.

Schon der theoretische Ansatz des experimentellen Forschers muß daher erdgebunden, instinktsicher sein. Was er an konkreter Forschungsarbeit in Angriff nimmt, ist und soll von beiden Seiten her bestimmt werden: nicht etwa nur aus Mangel, weil die schwachen experimentellen Fähigkeiten dem Fluge der Gedanken nicht zu folgen vermögen, und weil sich die Materie heimtückisch oder zähe, träge oder unfaßbar flüchtig der wissenschaftlichen Durchdringung und Gestaltung widersetzt; sondern vor allem auch, weil der Rekurs auf die volle konkrete Wirklichkeit letzten Endes zugleich ein untrüglicher Prüfstein für die innere Wahrhaftigkeit und Tiefe der Theorie ist.

In der sowohl beim Theoretisieren wie Experimentieren gleichermaßen allgegenwärtigen dynamischen Spannung zwischen dem Streben nach umfassenden theoretischen Ansätzen und dem Ergreifenwollen der konkreten Ereignisse mit all ihren Wichtigkeiten und Nichtigkeiten sehe ich das Grundphänomen des wissenschaftlichen Lebens, zumindest des experimentellen Forschens.

Unzulänglichkeiten und Schwierigkeiten im Experimentieren sind daher letzten Endes keine Sache an sich, der man nur mit technischen Verbesserungen beizukommen hätte. Sie sind vielmehr, zumal bei jungen Wissenschaften, fast immer zugleich Anzeichen dafür, daß die Theorie selbst falsch oder — was für die Forschung meist noch schlimmer ist — nicht genügend konkret, lebendig, umfassend, mit einem Worte, nicht reif genug ist; daß man nicht genügend ernst mit ihr macht. Hinzu kommt gar nicht selten — und die Affekt- und

Willenspsychologie ist ein gutes Beispiel dafür — daß gewisse sehr allgemeine philosophische, erkenntnistheoretische oder wissenschaftstheoretische Anschauungen mehr oder minder bewußt als *methodologische* Grundlagen festgehalten werden, die falsch sind; oder aber man folgt ihnen umgekehrt in der praktischen Forschung nicht genügend radikal. Auf einige von ihnen und auf einige sachliche theoretische Fragen allgemeinerer Natur mag daher vor Besprechung der spezielleren Probleme kurz eingegangen werden.

1. Die Gesetzlichkeit des Psychischen.

Eine Voraussetzung zumindest der experimentellen wissenschaftlichen Psychologie ist die These von der Gesetzlichkeit des Psychischen.

Die These von der strengen Gesetzlichkeit der Gegenstände im Gebiete einer bestimmten Wissenschaft pflegt sich bei den einzelnen Wissenschaften erst allmählich im Verlaufe gewisser typischer Entwicklungsperioden durchzusetzen[1]). Das gilt auch für die Psychologie. Dabei ist nicht entscheidend, wie sehr die These der Gesetzlichkeit nach außen hin, etwa gegen philosophische Einwände theoretisch verteidigt werden muß. Wichtiger ist es, daß selbst dort, wo der Psychologie-Forscher sich „prinzipiell" auf den Boden dieser These stellt, der faktische Wissenschaftsbetrieb ihr doch nicht folgt.

Man kann die These von der Gesetzlichkeit quantitativ und qualitativ einschränken. Man kann sie z. B. für die Sinneswahrnehmungen und das Gedächtnis gelten lassen, aber für das „höhere" Seelenleben, für Gefühle und Willensentscheidungen oder wenigstens für die lebenswichtigen Entscheidungen ablehnen. Oder aber man schwächt die Gesetzlichkeit ab zu bloßen Regelmäßigkeiten, die z. B. bei Kopfschmerzen nicht gelten sollen. Diese Einstellung hat methodisch außerordentlich weitreichende Konsequenzen gehabt und z. B. dazu geführt, daß selbst innerhalb der im engeren Sinne experimentellen Methodik das rein statistische Denken eine ungebührlich große Rolle spielt.

Demgegenüber gilt es, der These von der absolut strengen und schlechthin *ausnahmslosen Gültigkeit der psychischen Gesetze* auch in der Forschung zum Durchbruch zu verhelfen. Es könnte zunächst für die Forschung selbst gleichgültig erscheinen, wie streng diese These vertreten wird, die eine bloße „Voraussetzung" der experimentellen Forschung bildet und nicht in dem Sinne wie ein einzelner psychologischer Satz bewiesen werden kann. Aber ihr Ernstnehmen zwingt zu einem Ernstmachen mit den Theorien, die keine Grenzscheiden

---

[1]) *Lewin*, Idee und Aufgabe der vergleichenden Wissenschaftslehre. Erlangen, 1926.

zwischen normalem und anormalem Seelenleben aufrichten und keine Ausnahmen kennen dürfen, mit denen sich eine laxere Auffassung mehr oder minder leicht zu helfen vermag. Was man als psychologisches Gesetz anerkennt, muß schlechterdings immer und überall in allen seinen Konsequenzen als maßgebend angesetzt werden.

Die These der Gesetzlichkeit verlangt, daß man nicht nur die gröbsten Eigentümlichkeiten, sondern auch die *feineren Nuancen* und Eigenarten des Sonderfalles zur Diskussion stellt, die eine laxere Auffassung gerade auf affektpsychologischem Gebiete dem „Zufall" zuzuschieben oder unbeachtet zu lassen versucht. Das bedeutet jedoch nicht, daß man irgendwelche speziellen und speziellsten Eigenschaften und Prozesse, etwa die Herz- und Lungenphänomene bei affektiven Vorgängen, relativ isoliert in den Vordergrund stellen darf, sondern man wird von dem umfassenden Ganzen des Vorganges herkommen, Einzelheiten immer nur als Sonderheiten eben dieses Ganzen zu bewerten haben.

Ein ähnlicher Sachverhalt besteht für die Frage des *Quantitativen*. Die begriffliche Erfassung von Gesetzen weitreichender Natur setzt auf allen Gebieten die Berücksichtigung der *vollen Wirklichkeit*, also auch ihrer quantitativen bzw. intensiven Verhältnisse voraus. Man kann diese Seite der Wirklichkeit nicht fortlassen, ohne zu leeren, blutarmen Schemen zu gelangen. Das gilt gerade auch für das Gebiet des „höheren" Seelenlebens, bei dem Quantität und Qualität aufs engste verbunden sind. Damit soll nicht einer blinden Zahlensucht das Wort geredet und auch keineswegs abgeschwächt werden, daß der quantitativen Untersuchung die qualitative in gewissem Sinne vorauszugehen hat, und daß man deren Primat auf willens- und affektpsychologischem Gebiete wahrscheinlich noch für lange energisch wird betonen müssen.

Die These der Gesetzlichkeit zwingt dazu, die Möglichkeit von Gegenbeispielen aus dem Gesamtgebiet des psychischen Lebens in Betracht zu ziehen; sie drängt daher von vornherein zur Berücksichtigung der ganzen Breite der psychischen Phänomene und stärkt so die nicht zuletzt für die Psychologie des Willens und Affektlebens wichtige Tendenz zur Selbstkritik der Theorien.

Andererseits bietet, wie wir sogleich sehen werden, gerade die strenge Auffassung der Gesetzlichkeit des Psychischen durch die Position, die sie dem Experiment verleiht, eine methodische Grundlage für breitere Forschungsmöglichkeiten.

2. Das Experiment.

Die Einstellung auf bloße Regelmäßigkeiten, also etwas *statistisch* zu Erfassendes, dürfte wesentlich dazu beigetragen haben, wenn man vielfach als ein Hauptmerkmal des Experimentes seine *Wiederholbarkeit* angesprochen hat. Damit mußte von vornherein die experimentelle Erforschung von Prozessen nur sehr beschränkt möglich erscheinen, bei denen, wie den Affekten, der erste Versuch eine grundlegende Änderung der Basis für den zweiten Versuch mit sich zu bringen pflegt.

Mit der These von der strengen Gesetzlichkeit des Psychischen entfällt diese Schranke. Ein *einzelner, individueller Fall* reicht im

Prinzip für die Widerlegung oder den Beweis eines Satzes aus, sofern nur die Bedingungsstruktur des betreffenden Falles hinreichend gesichert ist[1]). Die Wiederholbarkeit wird statt einer notwendigen Bedingung lediglich etwas, was gewisse technische Annehmlichkeiten besitzt. An Stelle der Wiederholung des Gleichen tritt die Analyse durch Variation, der Vergleich planmäßig erzeugter Verschiedenheiten.

Auch die Forderung der *Lebensnähe*, deren Unerreichbarkeit man willens- und affektpsychologischen Experimenten als Einwand entgegen gehalten hat, bekommt von hier eine veränderte Bedeutung. Diese Forderung ist durchaus zu begrüßen, sofern sie ein Eingehen auf die lebenswichtigen Prozesse und die zentralen Schichten des Seelenlebens verlangt. In der Forderung der Berücksichtigung des gesamten psychischen Lebens deckt sie sich mit der These der strengen psychischen Gesetzlichkeit.

Man wird die Forderung der Lebensnähe jedoch nach zwei Richtungen nicht mißverstehen dürfen. Wenn man z. B. gegen die Möglichkeit einer experimentellen Willenspsychologie einwendet, daß man experimentell keine entscheidenden Willensentschlüsse erzeugen könne, weil man dazu die Macht haben müßte, in das Berufs- oder Familienleben des Menschen entscheidend einzugreifen, so hätte man ebensogut den ersten Versuchen einer experimentellen Erforschung der elektrischen Erscheinungen entgegenhalten können, daß es doch nicht gelingen würde ein wirkliches Gewitter zu erzeugen, und daß die schwächlichen Laboratoriumserscheinungen dafür keinen Ersatz bieten. Eine derartige Auffassung verkennt völlig den Sinn des Experimentes, dessen zentrale Aufgabe keineswegs darin besteht, die natürlich gegebene Welt noch einmal zu schaffen. (Welchen Erkenntniswert sollte das auch besitzen?)

Auf welchem quantitativen Niveau die experimentelle Analyse zweckmäßig erfolgt, ist eine Frage, die vom einzelnen Falle abhängt, und die Gesetzlichkeiten pflegen sich nur in gewissem Ausmaße mit diesem Niveau zu verschieben. Entscheidend ist, daß wirklich entsprechende Prozesse untersucht werden.

Damit soll keineswegs verkannt oder abgeschwächt werden, daß vor allem auf dem Gebiete des Lebendigen dem Hegelschen Ausdruck gemäß die Quantität leicht in die Qualität umschlägt. Aber man wird sich hüten müssen, die bloßen *Intensitätsstufen* mit der Lage in verschieden *tiefen Schichten* des Seelischen zu verwechseln, und der Glaube, daß man experimentell zentralere Schichten nicht untersuchen könne, dürfte sich je länger je mehr als irrig erweisen.

Als charakteristisch in dieser Hinsicht mag hier angeführt werden, daß *Münsterberg* noch im Jahre 1889[2]) glaubte, daß Beobachtungen über Umgewöhnung

---

[1]) *Cassirer*, Substanz und Funktionsbegriff. Berlin 1910.
[2]) Beitr. z. exp. Psychol. **1**, 4, S. 69.

sich nur im täglichen Leben, aber nicht im Laboratoriumsexperiment würden gewinnen lassen.

Schließlich verkennt der Hinweis auf das besonders Intensive oder Außergewöhnliche die zentralen Aufgaben der psychologischen Forschung. Nicht das *Exorbitante* ist die wissenschaftlich besonders wertvolle oder auch nur besonders schwierige Forschungsaufgabe, sondern gerade das *Alltägliche*. Nicht anders als in der Physik oder in der Ökonomik liegen hier die wesentlichsten und schwierigsten Probleme, aus denen sich die Gesetzlichkeiten auch der zunächst auffallenden, außergewöhnlichen oder singulären Erscheinungen ergeben. Ist doch die Überbetonung des Außergewöhnlichen in der Psychologie, wie in manchen anderen Gesetzeswissenschaften ein Überbleibsel einer Entwicklungsphase, die mehr von der Raritätensammlung als von der systematischen Forschung beherrscht wird.

3. Elementenpsychologie und Geschehensgestalten.

Die Frage nach den Elementen, aus denen das Psychische sich zusammensetzt, die dem Entwicklungsstande der Psychologie und einer herrschenden Zeitströmung entsprechend die psychologischen Erörterungen lange beherrscht hat, darf im Gebiete der Wahrnehmung und der intellektuellen Prozesse heute, wenigstens im Prinzip, als überwunden angesehen werden. Für die Willens- und Affektpsychologie hat diese Fragestellung bis in die jüngste Vergangenheit hinein eine beherrschende Bedeutung.

Sehen wir von der irrigen Auffassung ab, daß die „höheren" psychischen Prozesse zugleich die komplizierteren, stärker „zusammengesetzten" sind — dieser Irrtum mußte dem Forscher den Mut zu einer experimentellen Untersuchung der höheren Prozesse nehmen und ließ eine solche Untersuchung überdies wissenschaftlich weniger wertvoll erscheinen als eine direkte Erforschung der psychischen Elemente —, so sind hier vor allem folgende Punkte von Bedeutung.

Die Elementenforschung will wissen, welche *selbständigen* Elemente es gibt, aus denen sich das Psychische zusammensetzt, also z. B. mit welchen Gefühlsmomenten man als Minimum auskommt, und ob der Willensakt ein besonderes, selbständiges, nicht „zurückführbares" Element darstellt, ein Erlebnis „sui generis". Auch in den Arbeiten von *Ach*[1]) und *Michotte* und *Prüm*[2]), denen wir den entscheidenden Anstoß für die moderne experimentelle Willenspsychologie verdanken, spielt diese Frage nach der Selbständigkeit des Willensaktes als Erleb-

---

[1]) *Ach*, Über die Willenstätigkeit und das Denken. Göttingen 1905. Ferner: Über den Willensakt und das Temperament. Leipzig 1910.
[2]) *Michotte, A.* et *Prüm*, Étude expérimentale sur le choix volontaire et ses antécédents immédiats. Arch. de psychol. **10**, 119—299. 1910.

niselement und die Feststellung seiner besonderen Natur eine in gewissem Sinne beherrschende Rolle.

Das zweite Hauptcharakteristikum der Elementenforschung besteht in der *isolierten*, stückhaften Behandlung dieser in möglichster Reinheit und Selbständigkeit darzustellenden Elemente. Wohl sieht man Zusammenhänge. Aber man behandelt ihre Teile zu sehr als eine Und-Summe aus Stücken[1]), statt, wie es in der Regel adäquat ist, als unselbständige Elemente umfassenderer Ganzheiten, die als solche das Schicksal ihrer Quasiteile bestimmen.

Diese Einsicht ist grundlegend für das Gesamtgebiet der psychischen Vorgänge. Sie bedeutet jedoch *keineswegs*, daß die *Gesamtheit* der seelischen Prozesse eine *einzige* geschlossene Einheit bildet (vgl. Kap. 5 u. 6). Es ist vielmehr in jedem einzelnen Falle nachzuweisen, ob ein einheitliches Ganze im Sinne einer Gestalt vorliegt oder nicht, und ob es sich um eine „starke" oder eine „schwache" Gestalt[2]) handelt. Aber eine solche Auffassung fordert im ganzen eine Abkehr von der mikroskopischen Einstellung, die für die Elementenforschung typisch ist.

Die entschiedene Wendung ins *Makroskopische* hat nach verschiedener Richtung zu erfolgen. Nehmen wir als Beispiel eine „*Handlung*", etwa das Schreiben, so zeigt zunächst das *motorische Geschehen* als solches gewisse Gestalteigentümlichkeiten in der Struktur der Linienführung, der Gesamtanordnung der Schrift und im Rhythmus seines Ablaufs[3]). Schon für ein derartiges motorisches Geschehen wird man häufig, z. B. beim Halbieren einer Strecke oder beim Treffen eines Punktes mit dem Hammer, oder dem Werfen eines Balles nach einem Ziel, die Struktur des gesamten *äußeren Umfeldes* oder wenigstens eines relativ großen Bereiches des Feldes als ausschlaggebend zu berücksichtigen haben, ein Umstand, der z. B. in der Psychotechnik nicht selten außer acht gelassen wird. (Beim Streckenhalbieren ist also zu berücksichtigen, ob noch weitere Strecken auf dem gleichen Blatt gegeben sind, wie sie zueinander und zum Blattrand liegen u. ä. m.)

Nicht minder wichtig als dieses „äußere" ist das „innere" Umfeld oder, wie wir zusammenfassend sagen können, die Struktur des gesamten *psychischen Feldes*. Denn auch abgesehen von dem rein Mo-

---

[1]) *Wertheimer*, Über Gestalttheorie. Erlangen 1925. Ferner: Untersuchungen zur Lehre von der Gestalt Bd. I u. II. Psych. Forsch. **1** u. **4**.

[2]) *Köhler*, Physische Gestalten. Erlangen 1920. Über Stand und Geschichte dieser Probleme vgl. *Krüger*, Der Strukturbegriff in der Psychologie. Bericht ü. d. VIII. Kongreß f. exp. Psychol., Jena 1924; und *Köhler*, Gestaltprobleme und Anfänge einer Gestalttheorie. Jahresber. ü. d. ges. Physiol. **3**, 512. 1922.

[3]) Vgl. *Werner*, Studien über Strukturgesetze. I. Über das Problem der motorischen Gestaltung. Zeitschr. f. Psychol. **94**, 265. 1924. II. *Werner* und *Lagercrantz*, Experimentelle psychologische Studien über die Struktur des Wortes. Zeitschr. f. Psychol. **95**, 316.

torischen ist z. B. die Handlung des Schreibens etwas psychisch grundlegend Verschiedenes je nachdem, ob man einen Satz in Schönschrift abschreibt, oder eine briefliche Mitteilung abfaßt. Nur im ersten Falle geht die Intention der Handlung auf das Schreiben selbst. Das Schreiben beim Briefschreiben ist dagegen gar kein Schreiben in diesem Sinne, sondern ähnlich wie die Mundbewegungen beim Sprechen haben die Schreibbewegungen in der Regel einen bloß akzessorischen Charakter. Sie sind eingebettet in ein durchaus andersartiges Geschehen, z. B. in eine Überlegung, eine Wahl von Argumenten, oder besonderen Formulierungen. Die motorische Komponente pflegt dabei ein durchaus *unselbständiges Moment* darzustellen. Das Gewicht dieses Momentes im Gesamtprozeß ist verschieden, je nachdem, ob es sich um die Abfassung eines offiziellen Gesuches, einer geschäftlichen Mitteilung oder um einen Liebesbrief handelt, ob der Verfasser ein eitler oder mehr sachlich eingestellter Mensch ist. Entscheidend ist, daß es mit der Einbettung der Handlung in die umfassendere Handlungsganzheit sinnlos wird, den betreffenden Schreibprozeß als isolierten Vorgang aus sich heraus verstehen zu wollen. Er wird zum unselbständigen Moment eines Geschehens, das nur vom Ganzen her aufgeklärt werden kann. Und zwar wird das Schreiben häufig im wesentlichen zum bloßen „Ausdruck" der speziellen psychischen Prozesse beim Briefschreiben, die ihm ihre Struktur aufzwingen.

Von hier aus erscheint der von psychotechnischer Seite unternommene Versuch, die Handlungen auf eine feste Anzahl von Bewegungselementen zurückzuführen, als völlig verfehlt.

Diese psychischen Prozesse sind nun selbst wiederum *zeitlich ausgedehnte Ganzheiten* und zwar in unserem Beispiel „Handlungsganzheiten", die eine Mannigfaltigkeit bisher kaum durchforschter *Strukturtypen* zeigen. Sie können den Charakter „fortlaufender" Handlungen haben oder auf ein bestimmtes Endziel hinsteuern; sie können dieses Ziel (wie manchmal beim Nachdenken) umkreisen oder sie können mit immer neuen Ansätzen von verschiedener Seite auf das Ziel losgehen, oder sie können die Struktur eines Sich-schrittweise-Näherns tragen usw. Schließlich besitzen solche Handlungsprozesse häufig typische „*Einleitungs*"- und „*Abschluß*"vorgänge (wie: Schlußpunkt machen, Aufatmen, betontes Hinlegen des fertigen Werkes), die sie als relativ gesonderte Ganzheiten von ihrem zeitlichen Umfeld abheben.

Auch für die in der Sinnespsychologie untersuchten Wahrnehmungs- und Vorstellungsprozesse scheint mir ihre besondere Einbettung in umfassendere psychische Geschehnisse, z. B. in ein „allgemeines Betrachten" oder in ein „Suchen nach einer bestimmten Sache" oder aber in ein „Träumen mit offenen Augen", also in das gesamte psychische Umfeld, von wesentlichster Bedeutung[1]).

---

[1]) *v. Allesch*, Die ästhetische Erscheinungsweise der Farben. Psychol. Forsch. **6**, 1 f u. 215 ff. 1924. — *Lewin*, Über die Umkehrung der Raumlage auf dem Kopfe stehender Worte und Figuren in der Wahrnehmung. Psychol. Forsch. **4**, 258 f. 1923.

Nicht minder wichtig wie die Gliederung im zeitlichen Nacheinander ist die Struktur der Handlungen als einer Ganzheit von Prozessen, die in verschiedener Tiefe und mit verschiedenem Gewicht gleichzeitig miteinander ablaufen[1]). Auch hier gilt es zu sehen, daß gewisse Prozesse gestaltlich eng zusammenhängen, andere dagegen nicht.

Es braucht kaum besonders betont zu werden, daß damit die besondere *Situation*, analog dem Umfeld im optischen oder akustischen Gebiete, für die Versuche eine stark betonte und wesentlich veränderte Bedeutung bekommt.

Man wird den einzelnen Versuch überdies vielfach ungleich weniger als ein isoliertes Gebilde auffassen dürfen, das nur in dem für die statistische Behandlung notwendigen Sinne identisch ist mit den zeitlich vorangehenden und folgenden Versuchen der gleichen Art; sondern man wird ihn vielfach als *einzelnen* konkreten Vorgang in seiner vollen Wirklichkeit, also im wesentlichen unstatistisch behandeln müssen: Man wird seine *besondere Stellung in der zeitlichen Reihe* der Versuche berücksichtigen[2]) und zum Teil dazu übergehen müssen, die *Versuchsstunde als einheitliches Ganze* zu gestalten[3]).

Statt *gleiche* Fälle anzuhäufen, wird man, wie erwähnt, den einzelnen Versuch auch für die Theorienbildung in seiner konkreten Eigenart zu berücksichtigen haben. Dieser Einzelfall ist jedoch nicht als isoliertes Faktum, sondern innerhalb des betreffenden Geschehensganzen und mit seinem vollen *psychischen Umfeld* zu erfassen.

Nicht minder wichtig wie die Einbettung in einheitliche Gesamt-„Handlungen" ist der Zusammenhang mit *bestimmten* seelischen *Energiequellen* und bestimmten Spannungen. Das hängt mit der Frage der Handlungsganzheiten eng zusammen, mag hier aber besonders genannt werden. Denn dieser Sachverhalt liegt in mancher Hinsicht noch eine Schicht tiefer und wird um so leichter übersehen.

Hat z. B. eine Vp. eine bestimmte Handlung, etwa das Abschreiben eines Wortes bis zum Überdruß wiederholt, so kann man unschwer erreichen, daß sie sogleich dieselbe Handlung ohne irgendwelche Abneigung vollzieht, wenn man nur die Handlung anders einbettet. Man bittet die Vp. z. B., das eben geschriebene Wort auf der Rückseite des Blattes zur Kennzeichnung für den Versuchsleiter zu vermerken[4]).

Ähnliche Fälle spielen in der Pädagogik eine außerordentlich große Rolle, wenn es z. B. gilt, das Kleinkind zu bestimmten Handlungen, die es nicht mag (z. B. Essen, Medizinnehmen usw.) zu veranlassen oder für gewisse Dinge Interesse zu erregen oder aber es von bestimmten Dingen zurückzuhalten.

---

[1]) Vgl. *Westphal*, Über Haupt- und Nebenaufgaben bei Reaktionsversuchen. Arch. f. d. ges. Psychol. **21**, 419 f. 1911.

[2]) *Lewin*, Das Problem der Willensmessung und das Grundgesetz der Assoziation. I. Psychol. Forsch. (Methode der „Zeitreihe") **1**, 236. — *Lindworsky*, Der Wille. 3. Aufl. Leipzig 1923.

[3]) So z. B. bei affektpsychologischen Untersuchungen. Vgl. *Lewin*, Eine experimentelle Methode zur Erzeugung von Affekten. Bericht ü. d. VII. Kongreß f. exp. Psych., Jena 1922, S. 146.

[4]) Das Beispiel entstammt einer noch unveröffentlichten Arbeit von *Karsten* über psychische Sättigung.

Dabei ist, was hier nicht ausführlich dargetan werden kann, nicht nur wichtig, wie stark durch die veränderte Einbettung die „Handlung" als Geschehen, also der Struktur ihres Ablaufes nach verändert wird; sondern auch ohne wesentliche Änderung in dieser Geschehensgestalt kann die Bedeutung der Handlung von Grund auf geändert sein, sobald sie *aus einer anderen seelischen Quelle* fließt. Das Schreiben des Wortes ist nicht mehr „übersättigt", wenn es statt auf die Absicht, die „vorhin übernommene Versuchsinstruktion auszuführen", auf die persönliche Höflichkeit der Vp. gegen den Vl. zurückgeht. Entsprechend genügt bei manchen Kindern in gewissem Alter das einfache Verbot einer Handlung, die das Kind nicht ausführen mochte, um es zur Handlung zu veranlassen[1]). Das dürfte im wesentlichen darauf beruhen, daß auf diese Weise eine Kommunikation zu gewissen, wahrscheinlich mit dem sogenannten Selbstbewußtsein des Kindes zusammenhängenden Energien geschaffen wird. Bei experimentellen Untersuchungen ist es allgemein von wesentlicher Bedeutung, ob die Vp. sich bei den Versuchen ganz als „Versuchsperson" fühlt, so daß hinter ihren Handlungen lediglich der Wille des Vl.s und die Absicht, instruktionsgemäß zu handeln, steht, oder ob die Vp. in der ihr sonst natürlichen Weise, als „Zivil-Ich", den Ereignissen gegenübertritt[2]).

Was hier über die Bedeutung einer makroskopischen Betrachtungsweise und die Ganzheitszusammenhänge verschiedenen Grades und Umfanges beispielsweise an den Handlungen ausgeführt worden ist, gilt naturgemäß gleichermaßen für die Gefühls- und Affektprozesse.

Bevor ich jedoch auf die Frage der Quellen, der Energiereservoire psychischen Geschehens eingehe, möchte ich noch einige wichtige hierhergehörige spezielle Fragestellungen und Begriffstypen erörtern.

3a. Die Leistungsbegriffe.

Ein wesentliches Hindernis für das Sehen und Auffinden der konkret vorliegenden Gestaltzusammenhänge — denn nicht auf das Einordnen in irgendwelche möglichen Zusammenhänge kommt es an, sondern auf die Feststellung, ob und wo im vorliegenden Falle wirklich Gestaltzusammenhänge bestehen und wo nicht — ist das Benutzen von *Leistungsbegriffen*.

Die populäre Begriffsbildung über Seelisches verwendet ganz überwiegend Leistungsbegriffe (Schreibmaschinenschreiben, Dichten, Schwören, Lieben, Hobeln, Essen, Sich-unterhalten, Fragen). Eine derartige, von dem Werk, der Leistung kerkommende Begriffsbildung auch über Geistiges ist in einer Reihe von Wissenschaften, wie der Jurisprudenz, Ökonomik, Erkenntnistheorie u. a. voll berechtigt. In der biologischen Psychologie wird man sie jedoch aus mehreren Gründen scharf bekämpfen

---

[1]) *Charl. Bühler*, „Das Seelenleben des Jugendlichen". Jena 1922.
[2]) Vgl. S. 50.

müssen¹), von denen in unserem Zusammenhang nur auf folgendes hingewiesen sein mag. (Vgl. ferner Kap. 3b über die konditional-genetische Begriffsbildung.)

Nehmen wir als Beispiel einen Übungsvorgang, etwa das Erlernen des Schreibmaschineschreibens. Die Übungskurven verlaufen zunächst ziemlich steil ansteigend, um sich dann einem Plateau zu nähern. Dieses Plateau geht nach einiger Zeit mehr oder weniger sprunghaft in ein höheres über usw. Der Übungsbegriff faßt alle diese Prozesse als die gleiche Handlung, nämlich als „Schreibmaschineschreiben", auf.

In Wirklichkeit ist jedoch das Schreiben der geübten Schreibmaschinistin nicht etwa ein gleichartiger, nur stärker geübter Vorgang wie der der Anfängerin, sondern ein psychologisch von Grund aus andersartiger Vorgang. Das Schreiben der Anfängerin stellt im wesentlichen ein Suchen nach den einzelnen Buchstaben dar. Ein derartiger Orientierungsprozeß läßt sich üben. Man kann Übung im Suchen bekommen. Es wäre jedoch völlig verkehrt, die Handlungen der geübten Schreibmaschinistin als ein derartiges geübtes Suchen charakterisieren zu wollen. Gewiß muß auch sie die einzelnen Tasten anschlagen. Aber selbst wenn man daraus theoretisch folgern wollte, daß immerhin irgendein Suchprozeß stattfinden müsse (in Wirklichkeit kennt die geübte Schreibmaschinistin ihre Maschine so gut, daß sie nicht mehr zu suchen braucht), so ist dieser Vorgang hier jedenfalls zu einem völlig unselbständigen Moment in einem Gesamtgeschehen geworden, dessen Struktur von ganz anderen, hier nicht näher zu erörternden Fakten beherrscht wird. Diesen Gesamtprozeß kann man so wenig als ein Suchen charakterisieren, wie etwa das Schreiben der Anfängerin als ein Fingerheben²).

Diese Heterogenität der Typenbildung nach „Leistungen" und nach den „psychisch realen" Vorgängen spielt nicht nur beim Übungsbegriff, den man einer grundlegenden Revision wird unterziehen müssen, oder für die Theorie der Gewohnheit eine entscheidende Rolle³). Die Diskrepanz ist auf allen in Frage kommenden psychischen Gebieten derart, daß man es prinzipiell wird *aufgeben* müssen, *Vorgänge, die lediglich durch eine „Leistung" definiert sind, unter einheitliche, psychologische Gesetzlichkeiten zu ordnen.*

Gewisse Ansätze zu dieser Einsicht finden sich übrigens auch in der angewandten Psychologie, so sehr sie im allgemeinen mit reinen Leistungsbegriffen zu hantieren gewohnt ist.

---

¹) Vgl. *Lindworsky*, Der Wille. Leipzig 1923. — *Lewin*, Psychol. Forsch. **2**, 82f. 1922. — *Peters*, Begabungsprobleme. Zeitschr. f. pädagog. Psychol. S. 15. — *Blumenfeld*, Das Suchen von Zahlen im begrenzten Felde und das Problem der Abstraktion. Zeitschr. f. angew. Psychol. **26**, 99. 1925.

²) Vgl. dazu die Ausführungen von *Blumenfeld* a. a. O.

³) Vgl. für das Gebiet der intellektuellen Prozesse *W. Köhler*, Intelligenzprüfungen an Anthropoiden I. Abh. d. kgl. preuß. Akad. d. Wiss. 1917. S. 210f.

Statt von einer bestimmten, leistungsmäßig definierten „Art von Handlung" zu sprechen, wird man also vom *konkreten, individuellen Fall* auszugehen haben, dessen Einordnung unter gewisse Typen oder allgemeine Gesetze nach der Art und Struktur der speziellen vorliegenden wirklichen Geschehensabläufe zu erfolgen hat[1]).

Die Gefahr der Benutzung von Leistungsbegriffen kann gar nicht ernst genug genommen werden. Auch wer sich ihrer voll bewußt ist, hat bei fast jeder Versuchsanordnung von neuem mit der Schwierigkeit zu kämpfen, sich von jenen falschen Zusammenfassungen und schiefen Aspekten freizumachen, die die Leistungsbegriffe nahelegen.

3 b. Die phänomenologische Begriffsbildung des äußeren und inneren Verhaltens und die konditional-genetische Begriffsbildung.

Die Vorherrschaft der Frage nach den psychischen Elementen hat schließlich indirekt zu einer Überbetonung gewisser *phänomenologischer* Fragen geführt, die an und für sich zweifellos eine beträchtliche Bedeutung haben, aber nicht die tiefer liegenden *kausal-dynamischen* Probleme verdecken oder auf ein falsches Gleis schieben dürfen.

Das In-den-Mittelpunkt-Stellen der Frage nach den selbständigen, nicht zurückführbaren Erlebniselementen hat es z. B. auf willenspsychologischem Gebiete mit sich gebracht, daß man jenen Erlebnissen, die man als besonders reine, ausgeprägte Fälle des in Frage stehenden Erlebnistypus ansah, auch in kausal-dynamischer Hinsicht eine bevorzugte Rolle anzuweisen neigte (in unserem Beispiel dem „primären Willensakt").

Man wird demgegenüber auf einige über das Gebiet der Willenspsychologie, ja der Psychologie überhaupt hinausgehendes, prinzipielles Fakten hinzuweisen haben: 1. wird man nicht vergessen dürfen, daß die verschiedenen reinen phänomenologischen Typen allemal durch *Zwischentypen* miteinander verbunden sind.

Vor allem aber darf man 2. *nicht* erwarten, daß *phänotypisch gleichartige* Gebilde oder Prozesse auch *kausal-dynamisch,* d. h. ihren Ursachen und Wirkungen nach, *gleichwertig* sind. Vielmehr hat die Physik und neuerdings die Biologie gezeigt, daß phänotypische Gleichartigkeit mit kausal-dynamischer Ungleichwertigkeit und andererseits starke phänotypische Verschiedenheit mit enger Verwandtschaft in kausal-dynamischer Hinsicht Hand in Hand gehen können.

Die ältere Botanik etwa ordnet die Pflanzen in bestimmte Gruppen nach der Form der Blätter, der Blüten usw. gemäß ihrer phänotypischen Ähnlichkeit. Es zeigt sich jedoch, daß ein und dieselbe Pflanze recht verschieden aussehen kann, je nachdem, ob sie im Flachland oder im

---

[1]) Vgl. dazu den Begriff der „Ausführungshandlung" und die Bedeutung der Handlungsganzheiten bei Gewohnheitsfehlern. *Lewin,* Psychol. Forsch. **2**, 82f.

Hochland gepflanzt wird. Die oft enormen Unterschiede im Aussehen „*genotypisch*" identischer Lebewesen je nach ihrem Geschlecht, ihrem Entwicklungsstadium und den besonderen Umfeldbedingungen, unter denen sie stehen oder gestanden haben, haben die Biologie in ihren verschiedenen Zweigen gerade in jüngster Zeit dazu geführt, neben der phänomenologischen Begriffsbildung eine Begriffsbildung stark auszubauen, die man als *konditional-genetisch* bezeichnen kann[1]). Das einzelne Gebilde wird nicht durch sein momentanes Aussehen definiert, sondern im wesentlichen als ein Inbegriff von Verhaltungsweisen. Es ist charakterisiert als ein Kreis von Möglichkeiten derart, daß erst mit Angabe eines bestimmten Bedingungskomplexes, oder wie man auch sagen kann, einer *bestimmten Situation* ein *bestimmter* Phänotypus festgelegt wird.

Es sind nicht nur die Probleme der Entwicklung gewesen, die zu dieser Begriffsbildung geführt haben, sondern die Erforschung der Kausalprobleme und der *realen* Zusammenhänge jeder Art hat letzten Endes den Übergang zu einer derartigen Begriffsbildung zur Voraussetzung, und zwar nicht nur in der Biologie, sondern ebenso in der Physik und Mathematik[2]), aber auch der Geschichtswissenschaft und Ökonomik.

Dieser Satz gilt nicht minder in der Psychologie. Bei Fragen des Entstehens und Vergehens, der Ursachen und Bedingungen und des sonstigen realen Zusammenhanges erweisen sich auch die psychischen Komplexe und Geschehnisse als nicht hinreichend durch ihre phänomenalen Eigentümlichkeiten bestimmt. Auch hier gibt es Fälle enger phänomenaler Verwandtschaft zwischen Gebilden, die auf recht verschiedenem Boden und nach recht verschiedenen Gesetzmäßigkeiten erwachsen sein können.

So können intensive *Vornahmeakte* kausal-dynamisch ein geringeres Gewicht haben als erlebnismäßig schwache Vorsätze oder gar Erlebnisse, die phänomenologisch eher als „bloße Gedanken" anzusprechen sind, denn als Vornahmeakte[3]).

Ähnliches gilt vielfach von *Gefühlen* und Affekten. Ein lustvolles Gefühl des Angenehmen und eine freudige Stimmung z. B. können bei aller phänomenologischer Verwandtschaft dynamisch auf durchaus andersartige Prozesse zurückgehen.

Ein *Affekt* kann eine heftige äußere Aktion veranlassen, und auch innerlich kann sich die betreffende Person sehr aufgeregt vorkommen, und doch kann es sich um einen sehr oberflächlichen und energiearmen

---

[1]) *Lewin*, Der Begriff der Genese in Physik, Biologie und Entwicklungsgeschichte. Berlin 1922, S. 226.

[2]) *Cassirer*, a. a. O.

[3]) Vgl. *Michotte* a. a. O.

Affekt handeln. Dagegen kann man äußerlich und auch innerlich relativ ruhig sein, während die dahinter liegenden affektiven Spannungen ungleich tiefgehender und stärker sind.

Ebenso können *Verhaltungsweisen*, die sich für die Beobachtung (Fremdbeobachtung) phänomenologisch als sehr verwandt geben, z. B. beide Male als die gleiche ruhige, zweckvolle Aktion erscheinen, dynamisch außerordentlich Verschiedenes bedeuten: das eine Mal liegt wirklich eine ruhige Handlung innerhalb der täglichen Berufsarbeit vor, das andere Mal etwa ein äußerlich sehr beherrschter affektiver Ausbruch. (Daß hier häufig irgendwelche kleinste Anzeichen den Unterschied wenigstens für den geübten Beobachter erraten lassen können, ändert nichts an dem Wesentlichen dieses Sachverhaltes und trifft auch, selbst für gute Beobachter, nicht immer zu.) In letzterem Falle pflegt die Selbstbeobachtung bereits einen Schritt weiter zu führen. Aber schließlich gilt auch für die erlebnismäßig feststellbare Struktur des Geschehens, daß die Verwandtschaftsgruppierung nach den phänomenalen Eigenschaften mit der Einordnung in verwandte dynamische Typen oder in analoge genetisch-kausale Zusammenhänge nicht übereinzustimmen braucht.

Ganz generell wird man sich also bei Fragen der Kausalität, der Entwicklung, kurz des realen Zusammenhanges nicht von isolierten phänomenalen Fakten leiten lassen dürfen, und zwar auch dann nicht, wenn es sich um „reine Typen" handelt. Man wird vielmehr zu einer im wesentlichen konditional-genetischen Begriffsbildung vorwärts zu schreiten versuchen müssen. Das schließt keineswegs die sorgfältigste Beachtung und genaue Erforschung der phänomenologischen Fakten aus, sondern setzt sie in gewissem Sinne voraus. (Über den Zusammenhang zwischen den beiden Begriffstypen vergleiche man *Koffkas* Ausführungen über die „Deskriptions"- und „Funktionsbegriffe"[1]).

Es soll also keineswegs gegen ein möglichst breites Hereinziehen der Phänomenologie des äußeren Verhaltens und der Erlebnisse Stellung genommen werden oder etwa gegen die Benutzung der Selbstbeobachtung [etwa im Sinne der „systematischen experimentellen Selbstbeobachtung" *Achs*[2])], die ein wichtiges, ja in der Regel unentbehrliches Hilfsmittel gerade für Willens- und affektpsychologische Untersuchungen darstellt. Denn wennschon die Beobachtung des äußeren Verhaltens wertvolle Anhaltspunkte für die Feststellung der besonderen Gliederung des vorliegenden Geschehens bieten kann, so gibt doch häufig erst die Selbstbeobachtung entscheidenden Aufschluß über die tatsächlich eingetretenen Vorgänge und ihre Struktur.

Die Betonung der psychisch-realen Zusammenhänge bedeutet also auch nicht eine Beschränkung lediglich auf die äußerlich (durch Fremdbeobachtung) beobachtbaren Vorgänge, wie sie zum Teil vom Behaviorismus angestrebt wird. Viel-

---

[1]) *Koffka*, Psychologie, in: Die Philosophie in ihren Einzelgebieten. Herausgegeben von *Dessoir*. Berlin 1925, S. 539. Ferner *Bühler*, Die Instinkte des Menschen. Bericht über den IX. Kongreß für experiment. Psychol., Jena 1925.

[2]) a. a. O. 1910.

mehr gehören unter unserem Gesichtspunkt die „*äußeren*" *und die* „*inneren*" *konkreten Geschehensabläufe* und Verhaltungsweisen, wie sie sich der Beschreibung mit Hilfe der *Erlebnisbeobachtung und der Fremdbeobachtung* darbieten, gleichermaßen im wesentlichen *auf die Seite der bloß phänomenologischen Begriffsbildung.* Der Übergang zur konditional-genetischen Begriffsbildung wird sowohl den Erlebnissen wie dem „äußeren" Verhalten gegenüber zu erfolgen haben.

4. Über die Ursachen seelischen Geschehens.

Die Beziehungen, auf die die Theorie in der bisherigen experimentellen Psychologie zurückgreift, wenn sie nach den Ursachen eines psychischen Geschehens fragt, gehören fast ausschließlich *einem* ganz bestimmten *Beziehungstypus* an. Es ist dies ein realer Zusammenhang, den man als *Adhäsion* irgendwelcher Gebilde oder Gesamtheiten von Gebilden oder Prozessen bezeichnen könnte. Als Ursache für ein psychisches Ereignis wird angegeben, daß gewisse einzelne Gebilde miteinander oder ein Gesamtgeschehen in sich im Sinne der Adhäsion zusammenhängt.

Den ausgeprägtesten Fall eines solchen Zusammenhangstypus stellt die *Assoziation* zwischen zwei psychischen Gebilden im Sinne der alten Assoziationstheorie dar. Die Gebilde a und b sind auf Grund früherer Kontiguität eine Kopplung eingegangen. Und dieses Kopplungsphänomen wird als *Ursache* dafür angesprochen, daß bei Eintritt des Erlebnisses a das Erlebnis b resultiert.

Aber auch wenn man nicht die Erfahrung als Ursache der Kopplung ansieht und Kräfte annimmt, wie z. B. die *determinierende Tendenz*[1]), die nicht den Gesetzen der Assoziation gehorchen, oder irgendwelche natürlichen *Kohärenzen*[2]), so wird doch an folgendem Grundtyp festgehalten: *Der Reiz besitzt eine Adhäsion mit gewissen Reaktionen.* Und diese Adhäsion wird als *Ursache* für den Ablauf des Geschehens angesehen.

Diese Kopplungen wurden in der Psychologie in der Hauptsache als *mechanische starre* Bindungen aufgefaßt, etwa im Sinne einer Assoziation der einzelnen Reize mit feststehenden Reaktionen. Demgegenüber beginnt sich der Gedanke durchzusetzen, daß es sich nicht um eine starre Bindung bestimmter Stücke oder Elemente, sondern in der Regel um zeitlich ausgedehnte Ganzheiten (vom Typus etwa einer Melodie) handelt, deren Momente oder Phasen nur vom Ganzen her zu erklären sind. Neuerdings wird daher in bedauerlicher Mißkennung der zugrunde liegenden gestalttheoretischen Gedanken bisweilen folgende Auffassung vertreten: Die Ursache für den Prozeß b sei nicht in seiner starren Kopplung mit dem vorausgegangenen selbständigen Ereignis a zu sehen. Wohl aber ziehe a dann, wenn es ein unselbständiges Moment eines umfassenderen Ganzen bildet, eben jenes

---
[1]) *Ach*, a. a. O. 1910.
[2]) *G. E. Müller*, Komplextheorie und Gestalttheorie. Göttingen 1923.

Ganze nach sich. Zwar nicht eine kettenhafte Kopplung von Glied zu Glied, wohl aber das Zusammenhängen der Teile im Ganzen sei als „Ursache" für das Geschehen anzusetzen[1]).

Die experimentelle Untersuchung der Gewohnheit (Assoziation) hat nun ergeben, daß die durch die Gewohnheit geschaffenen Kopplungen als solche nie den Motor eines psychischen Geschehens abgeben[2]); eine solche Auffassung ist auch dann irrig, wenn man das Wesentliche der Gewöhnungs- und Übungsprozesse nicht in der Bildung stückhafter Assoziationen, sondern in der Um- und Neubildung bestimmter Handlungsganzheiten sieht. Vielmehr sind allemal gewisse seelische *Energien*, die in der Regel auf einen Willens- oder Bedürfnisdruck zurückgehen, also *gespannte* seelische Systeme die notwendige Voraussetzung dafür, ob überhaupt das psychische Geschehen — auf welchem Wege immer — abläuft.

Daß damit nicht gemeint ist, daß einerseits psychische Gestalten, daneben ohne bestimmten seelischen Ort irgendwelche psychische Energien vorhanden sind, braucht wohl nicht besonders gesagt zu werden; vgl. dazu die Ausführungen dieses und des folgenden Kapitels.

Bisweilen mag die Gewohnheit z. B. bei „Triebgewohnheiten" mit der Steigerung der Bedürfnisse neue seelische Energien setzen; und bisweilen mag sie den Durchbruch zu bis dahin für die betreffende Handlung noch nicht zur Verfügung stehenden Energien mit sich bringen, z. B. dann, wenn beim Morphinisten oder Kokainisten ursprünglich einzelne und gelegentlich aufgetretene genußartige Erlebnisse „in den Lebensbedarf aufgenommen"[3]) und immer breitere und tiefere Schichten der Person in diese Sucht hineingerissen werden.

Handelt es sich dagegen um eine bloße „Ausführungsgewohnheit"[4]), also nur um die Verschmelzung, Bildung oder Umformung gewisser Handlungsprozesse, so darf man sie prinzipiell nicht als Ursache (im prägnanten Sinne) seelischen Geschehens ansprechen[5]).

---

[1]) Es wird dann also nicht etwa auf die Spannungen in einem dynamischen Ganzen rekurriert.
[2]) *Lewin*, Zeitschr. f. Psychol. **77**, 212f. 1917 und Psychol. Forsch. **1**, 191 u. **2**, 65. 1922. — *Sigmar*, Über die Hemmung bei der Realisation eines Willensaktes. Arch. f. d. ges. Psychol. **52**, 92. 1925.
[3]) *E. Joël* und *F. Fränkel*, Zur Pathologie der Gewöhnung II in „Therapie der Gegenwart". 1926. Ferner: Der Kokainismus. Berlin 1924. Vgl. auch *McDougall*, Social Psychology, 1908.
[4]) *Lewin* a. a. O.
[5]) Daß man *neben* den Assoziationen als Ursache seelischen Geschehens noch weitere Faktoren anzunehmen hat, ist ein schon lange ausgesprochener Gedanke. An experimentellen Arbeiten, die in dieser Richtung vorwärts geschritten sind, sind vor allem die Werke von *Ach*, Über die Willenstätigkeit und das Denken, Göttingen 1905, und Über den Willensakt und das Temperament, Leipzig 1910, sowie *Poppelreuter*, Über die Ordnung des Vorstellungsablaufs, Arch. f. d. ges.

Diese zunächst für die Gewohnheit und Assoziation geltenden Sätze kann man auf jede Art von Kopplungen verallgemeinern. Denn *Bindungen sind nie „Ursachen" von Geschehnissen, wo und in welcher Form auch immer sie bestehen.* Sondern damit das miteinander Verbundene sich bewege (das gilt selbst für rein maschinelle Systeme), damit also ein Prozeß stattfindet, muß *arbeitsfähige Energie* freigesetzt werden. *Man wird also bei jedem seelischen Geschehen zu fragen haben, wo die verursachenden Energien herstammen.*

Wenn Kopplungen nicht als Energiequellen angesehen werden, so soll damit keineswegs behauptet werden, daß es überhaupt keine Kopplungen gibt, oder daß ihr Vorhandensein oder Fehlen unwichtig ist. Sie sind zwar keine Energiequelle des Geschehens, aber die Form des Geschehens hängt weitgehend von Kopplungen ab. So spielt z. B. die Umformung gewisser geläufiger Handlungsganzheiten eine sehr wichtige Rolle. [Allerdings wird man es aufgeben müssen, wenn man zu Gesetzen vorwärtsdringen will, unter dem Begriff der *Erfahrung* alle Fälle zusammenzufassen, wo ein früheres Dagewesensein vorliegt. An Stelle dieses sinnlosen Konglomerates wird man eine Reihe von Erscheinungen zu unterscheiden haben, die zum Teil sehr verschiedenartigen Gesetzen unterstehen: die Bereicherung oder Veränderung des Wissensbestandes; das Erlernen (und „Üben") von Arbeiten irgendwelcher Art; wesentlich anderer Natur ist ein Vorgang, den man als Fixation bei Trieben oder Bedürfnissen bezeichnen kann usw.]

Wenn hier der Energiebegriff und weiterhin der Begriff der *Kraft, der Spannung, des Systems* und ähnliche Begriffe verwandt werden, so kann dabei die Frage ganz offen gelassen werden, ob man dabei letzten Endes auf physikalische Kräfte und Energien zurückgehen soll oder nicht. Jedenfalls sind diese Begriffe m. E. *allgemein-logische*

Psychol. **15**, 1912, zu nennen. *Selz* (Die Gesetze des geordneten Denkverlaufs, Stuttgart 1913, und Zur Psychologie des produktiven Denkens und des Irrtums, 1922) hat die Bedeutung nichtassoziativer Kräfte, der determinierenden Tendenzen, vor allem auf dem Gebiete der intellektuellen Prozesse im einzelnen aufgezeigt. Auch er hat bemerkt, daß „auch bei Gedächtnisuntersuchungen die bestehenden Determinationen keineswegs immer vernachlässigt werden dürfen" (1913, S. 283—290). [Allerdings hat der gleiche Verfasser noch 1920 in einer Polemik gegen Angriffe von assoziationspsychologischer Seite (Komplextheorie und Gestalttheorie, Zeitschr. f. Psychol. **83**), z. B. ausdrücklich bemerkt (S. 215), daß die Aktualisierung von Wissenskomplexen „auch ohne eine auf sie gerichtete Determination erfolgen kann", und auch eine ganze Reihe andere Ausführungen scheinen mir eindeutig dahin aufzufassen zu sein, daß die Assoziation als *eine* mögliche Ursache seelischen Geschehens keineswegs geleugnet werden soll.] Wenn *Selz* neuerdings (Zur Psychologie der Gegenwart, Zeitschr. f. Psychol. **99**, S. 166) auf die oben angeführten und ähnliche Sätze in Prioritätsfragen hinweist, so möchte ich, ohne auf diese Fragen einzugehen, nur bemerken: ich würde mich sehr freuen, wenn ich die Tatsache des erneuten Hinweises auf diese Stellen dahin auffassen dürfte, daß *Selz* jedenfalls gegenwärtig die Grundthese meiner Arbeit als experimentell erwiesen ansieht: daß nämlich nicht nur *neben* der Assoziation auch noch andere Ursachen psychischen Geschehens anzuerkennen sind, sondern daß prinzipiell die Assoziation keinen Motor seelischen Geschehens darstellt.

Grundbegriffe aller Dynamik (wennschon ihre Behandlung in der Logik sehr vernachlässigt zu werden pflegt). Sie sind keineswegs ein Spezificum der Physik, sondern zeigen sich, wenn auch bisher weniger präzis entwickelt, z. B. in der Ökonomik, ohne daß man deshalb etwa annehmen müßte, daß sich die Ökonomik irgendwie auf Physik zurückführen ließe.

Ganz unabhängig also von der Frage der Zurückführbarkeit der Psychologie auf Physik wird die Behandlung der kausal-dynamischen Probleme die Psychologie zwingen, die Grundbegriffe der Dynamik nicht wie vielfach bisher promiscue zu verwenden, sondern zu einer differenzierteren Begriffsbildung auf dynamischem Gebiete überzugehen. Physikalische Analogien können dabei häufig ohne Schaden zur Verdeutlichung herangezogen werden. Andererseits wird man sich z. B. bei der adäquaten Erfassung der psychischen Feldkräfte gewissen, sehr naheliegenden Irrgängen gegenüber immer gegenwärtig halten müssen, daß es sich um Kräfte im *psychischen* Felde und nicht im physikalischen Umfeld handelt.

Zur Frage der seelischen Energiequellen sei kurz folgendes bemerkt.

Der *Reiz* selbst kommt vielleicht bei manchen Wahrnehmungsgeschehen z. B. auf optischem Gebiete in einem gewissen Grade zugleich als Energiequelle für die Prozesse im sensorischen Sektor in Betracht. Bei den eigentlichen Handlungen und Affekten, wenn man z. B. auf eine Depesche hin eine Reise unternimmt, oder auf eine Frage hin wütend wird, spielt die physikalische Intensität des Reizes offensichtlich keine wesentliche Rolle. Man hat daher von einer „*Auslösung*" gesprochen, einem Vorgang, den man sich etwa nach der Analogie der Explosion eines Pulverfasses durch den auslösenden Funken vorstellt.

Diese Folgerung wird man jedoch nach zwei Richtungen hin grundsätzlich abzuändern haben.

1. Da man es aufgeben muß, die Wahrnehmungswelt als einen Inbegriff von Empfindungselementen aufzufassen, da uns die Wahrnehmung vielmehr wirklichen „Dingen" und „Ereignissen" gegenüberstellt, die eine bestimmte Bedeutung haben, so wird man den Wahrnehmungsreiz, z. B. das entstellte Gesicht eines Kriegsverletzten, nicht nach der physikalischen Intensität des Sinneseindrucks, sondern nach seiner *psychologischen Wirklichkeit* einzuschätzen haben. Derartige Wahrnehmungserlebnisse können unmittelbar bestimmte Vorsätze nach sich ziehen oder Bedürfnisse erzeugen, die zuvor nicht vorhanden waren. Zu erörtern, ob und in welchem Ausmaß dabei diese Wahrnehmungserlebnisse selbst als Energiequellen anzusprechen sind, dürfte bei dem gegenwärtigen Stande der Forschung wenig fruchtbar

sein. Jedenfalls können Umschichtungen zustande kommen, durch welche arbeitsfähige Energie frei wird, resp. es können gespannte seelische Systeme entstehen, die wenigstens in dieser Form zuvor nicht vorhanden waren. Trotzdem spricht allerdings vieles dafür, daß der wesentliche Energiebetrag eines psychischen Prozesses in der Regel nicht aus den momentanen Wahrnehmungen selbst fließt.

2. Damit ist allerdings nicht gesagt, daß es sich hier um eine „Auslösung" im Sinne der Funktion des Funkens beim Pulverfaß oder des Anlaßhebels an der Dampfmaschine handelt.

a) Wenn z. B. ein Kind zu einem bestimmten Gegenstand, etwa einem Stück Schokolade gelangen möchte, so wird sich, wenn eine scharfe Kante oder ein böser Hund am Wege droht oder ein anderes Hindernis vorhanden ist, die Richtung des Geschehens ändern; im einfachsten Falle wird das Kind einen Umweg machen und dann in neuer Richtung dem Gegenstand zustreben; kurz die Gesamtheit der im *psychischen Felde* vorhandenen *Kräfte*, einschließlich des lockenden Reizes, wird die Richtung des Geschehens beherrschen, und zwar nach Gesetzen, die sich im einzelnen feststellen lassen. Insoweit handelt es sich also lediglich um das verbreitete, als Fundamentalfall anzusprechende Faktum, daß *„Kräfte" den Abfluß eines Geschehens beherrschen*.

Es gilt nicht minder für die Psychologie wie für die Physik, daß dabei keine eindeutige Beziehung zwischen der Größe der auftretenden *Kräfte* und dem *Energie*betrag des Geschehens besteht. Vielmehr können relativ geringe Kräfte bei geeigneter Gestaltung des Gesamtfeldes relativ große Energiebeträge beherrschen und andererseits große Kräfte und Spannungen mit geringen Energien Hand in Hand gehen. So kann eine relativ geringfügige Verschiebung in der Art oder Richtung dieser Kräfte ein Geschehen dauernd in andere Bahnen leiten (das spielt z. B. in der Technik sozialer Herrschaftsverhältnisse eine sehr große Rolle).

Bei jedem Geschehen werden *durch das Geschehen selbst zugleich die Kräfte im äußeren und inneren Umfeld verändert*. Diese Veränderung der das Geschehen beherrschenden Kräfte geschieht jedoch bei verschiedenen Prozessen in sehr verschiedenem Ausmaße derart, daß bei manchen Prozessen diese Veränderung für den Verlauf der Prozesse selbst unwesentlich ist, während sie in anderen Fällen bereits den Ablauf des Geschehens selbst grundlegend beeinflussen.

Der letztere Fall, um den es sich häufig in der Psychologie handelt, ist ein Vorgang von folgendem Typus. Jede Bewegung, die auf die Wahrnehmung gewisser Gegenstände hin eingesetzt hat, verschiebt zugleich die Lage der die Handlung beherrschenden Feldkräfte relativ zum Handelnden und kann so, (wenn z. B. das Kind durch Hindernisse aus der ursprünglichen Richtung gedrängt wird), dem Geschehen neue Richtungen vorschreiben. So kommt es zu einer *Steuerung* des Geschehens durch das Wahrnehmungsfeld[1]).

α) Zu einer *kontinuierlichen Beherrschung* des Geschehens durch die Kräfte des äußeren Umfeldes kommt es, wenn die Handlungen nicht (oder nur in geringem Grade) autochthon sind, bzw. wenn dem Geschehensablauf als solchem nur Kräfte innewohnen, die klein sind relativ zu den Feldkräften. Wenn z. B. ein Kind statt mit einem einzigen Schwung durch eine unangenehme, von verschiedenen Seiten bedrohte Situation durchzustoßen, sich nur langsam durch ein solches Feld von positiven und negativen Aufforderungscharakteren hindurchbewegt (ohne daß es ihm andererseits gelingt, sich innerlich gegen seine Eindrücke abzusperren), so wird die Steuerung des Geschehens durch die Feldkräfte auch für jede kleine Teilphase der Bewegung voll zur Geltung kommen.

β) Das Handlungsgeschehen ist jedoch in der Regel nicht als ein solches kontinuierliches Fließen anzusehen, sondern es verläuft typisch in *sukzessiven Handlungsschritten*, die selbst weitgehend *autochthone Ganzheiten* darstellen; z. B. das Hinlaufen zur Schokolade bis an das erste Hindernis, das Überlegen, ein ärgerliches Sichhinrecken mit dem Arm, ein Wiederablassen, ein Herumgehen um das Hindernis. Bei einem solchen Handlungsgeschehen mit ausgesprochenem Ganzheitscharakter tritt — wenn die Kräfte, die ihm als autochthonem Geschehensablauf innewohnen, groß sind gegenüber den Kräften des Feldes — *keine* kontinuierliche Beherrschung jeder einzelnen unselbständigen Teilphase der autochthonen Handlungsganzheiten durch die Kräfte des Umfeldes ein. Wohl aber gilt die *Steuerung* durch die Feldkräfte dann wiederum *im Großen*, nämlich für die Folge der Handlungsganzheiten; ein Umstand, der z. B. für die Theorie der Umweghandlung von grundlegender Bedeutung ist.

Ob die Beherrschung des Geschehens durch das Kräftefeld im Sinne einer kontinuierlichen Steuerung oder dem letztgenannten Typus gemäß geschieht, hängt einerseits von der Gestaltfestigkeit und den Kräften des Handlungsgeschehens selbst ab, andererseits von der Stärke der Kräfte im Umfeld. Verschiebungen in einer dieser beiden Umstände führen daher zu wesentlichen Änderungen des Geschehensablaufes. Jedenfalls aber sind die Steuerungsvorgänge für das ganze Gebiet der triebhaften und beherrschten Handlung von fundamentaler Bedeutung.

(Der Begriff der Steuerung wird allerdings noch in einem engeren Sinne gebraucht: für Fälle, bei denen ein relativ selbständiges steuerndes *Geschehen* die Kräfte des Feldes kontinuierlich so verändert, daß ein zweites, gleichzeitig stattfindendes Geschehen dadurch in seinem Verlauf gesteuert wird. [Physikalisches Beispiel: Verstärkerröhre.])

b) Auch die Gegenstände, die wie die Schokolade im oben erwähnten Beispiel, das Ziel des Geschehens bilden, sind zunächst als Gebilde anzusehen, von denen eine das Geschehen steuernde Kraft in dem gleichen Sinne ausgeht, wie von einer scharfen Kante, einem zerbrechlichen Gegenstand oder von dem symmetrischen oder unsymmetrischen Aufbau der Gegenstände zu beiden Seiten des Weges, den das Kind

---

[1]) *Köhler*, Gestaltprobleme und Anfänge einer Gestalttheorie. Jahresbericht d. ges. Physiol. 1922, S. 537. 1924. Vgl. dazu als konkretes Beispiel für das optomotorische System: *Lewin* und *Sakuma*, Die Sehrichtung monokularer und binokularer Objekte bei Bewegung und das Zustandekommen des Tiefeneffektes. Psychol. Forsch. **6**, 339. 1925.

einschlägt¹). Sie kann jedoch darüber hinaus die *Veranlassung für das Ansprechen jener Bedürfnisse gewesen sein*, aus denen als Energiereservoir letzten Endes das Geschehen in diesem Falle fließt (was z. B. von der scharfen Kante in diesem Falle nicht zu gelten braucht). Wäre das Kind mit Süßigkeiten *übersättigt* gewesen, so wäre das Gesamtgeschehen entfallen. Insofern erfüllt die Schokolade hier also noch eine zweite Funktion.

Das Vorhandensein oder Fehlen derartiger Energiereservoire, etwa bestimmter Bedürfnisse oder bedürfnisartiger Spannungen, macht sich auf dem gesamten Gebiete der Willens- und Triebpsychologie in mannigfacher Form immer wieder bemerkbar. Es spielt eine Rolle, wenn das Interesse oder das Hindrängen zu einem Ziele mit der *Sättigung* des in Frage kommenden seelischen Bedürfnisses aufhört; wenn eine beabsichtigte Handlung nach ihrer *Erledigung* oder einer Ersatzerledigung beim Auftreten einer zweiten gleichartigen Gelegenheit nicht nochmals geschieht; wenn die eingefahrene Gewohnheitshandlung auch beim Eintritt des gewohnten Reizes ausbleibt, falls nicht bestimmte Energien zur Handlung drängen; dieses Faktum hat schließlich für die Fragen des *affektiven* Geschehens eine grundlegende Bedeutung.

Die enge Verbindung, in die bei der oben (Abs. a) dargelegten Auffassung das Wahrnehmungsfeld und der Geschehensablauf treten, darf also nicht vergessen lassen, daß *die den Geschehensablauf beherrschenden Kräfte wirkungslos bleiben resp. gar nicht auftreten, wenn keine seelischen Energien vorhanden sind, wenn keine Verbindung zu gespannten seelischen Systemen besteht, die das Geschehen in Gang halten.*

Die die Bedürfnisenergien freisetzenden Anlässe können, wie im obigen Beispiel, zugleich entscheidende Kräfte für den besonderen Ablauf des Geschehens bilden. Gerade diese Doppelfunktion ist in der Psychologie häufig verwirklicht. Mit ihr hängt eine Gruppe von besonders starken Umbildungen des Feldes durch das Handlungsgeschehen zusammen.

c) Das Erreichen und Aufessen der Schokolade ist für die Änderung der Feldkräfte ganz besonders bedeutsam, weil das In-den-Besitz-der-Schokolade-kommen und die Einleitung des *Sättigungsprozesses* nicht bloß eine Lageänderung der Feldkräfte, sondern zugleich eine starke *Veränderung der seelischen Spannungen* mit sich bringen, die dem Handlungsgeschehen zugrunde liegen.

Die Wahrnehmung eines Gebildes oder Ereignisses kann also

1. das *Entstehen* eines bestimmten gespannten seelischen Systems veranlassen, das vorher zumindest in dieser Form nicht bestanden hat:

---

¹) Vgl. *Hermann-Czinner*, Zur Entwicklungspsychologie des Umgehens mit Gegenständen. Zeitschr. f. angew. Psychol. **22**, 1923. *Bartelt* und *Lau*, Beobachtungen an Ziegen. Psychol. Forsch. **5**, 340 f. *Dexler*, Das Gestaltprinzip und die moderne Tierpsychologie. Lotos **69**, 143. 1921.

ein solches Erlebnis veranlaßt etwa unmittelbar eine Vornahme, oder ein Verlangen wird geweckt, das bis dahin noch nicht vorhanden war.

2. Ein an sich bereits *bestehender Spannungszustand*, der etwa auf eine Vornahme, ein Bedürfnis oder eine halberledigte Handlung zurückgeht, *spricht* auf einen bestimmten Gegenstand oder Ereignis, das z. B. wie eine Lockung erlebt wird, *an*, derart, daß gerade dieses gespannte System nunmehr die Herrschaft über die Motorik erhält. Von solchen Gegenständen wollen wir sagen, sie besäßen einen „*Aufforderungscharakter*".

3. Derartige Aufforderungscharaktere wirken zugleich (ebenso wie gewisse andere Erlebnisse) als Feldkräfte in dem Sinne, daß sie die psychischen Prozesse, vor allem die *Motorik*, im Sinne einer *Steuerung beeinflussen*.

4. Gewisse zum Teil durch Aufforderungscharaktere veranlaßte Hantierungen führen zu *Sättigungsvorgängen* resp. zu Erledigungen von Vornahmen und damit zum Ausgleich der Spannungen des zugrunde liegenden Systems auf einem Gleichgewichtszustand niederen Spannungsniveaus.

Auf Grund welcher Vorgänge im einzelnen der Anblick der Schokolade (Abs. a) das Handlungsgeschehen veranlaßt, kann hier nicht ausführlich erörtert werden. Es könnte sich darum handeln, daß der arbeitsfähigen Energie, die in einem momentan in Spannungszustand befindlichen seelischen System bereits vorliegt, lediglich zum *Durchbruch zur Motorik* verholfen wird; oder aber es könnte beim Anblick des Anreizes in einem bis dahin noch nicht arbeitsfähigen System eine entscheidende *Umlagerung* vorgenommen werden, derart, daß nunmehr Energie frei wird; man könnte bisweilen auch an Resonanzerscheinungen denken u. s. f. Unwahrscheinlich ist es jedoch, daß dabei Auslösungen im speziellen Sinne der rein „maschinellen Auslösung" eine große Rolle spielen. Dagegen spricht, daß die Anlässe in der Regel eine innere, sachliche Beziehung zu den speziellen seelischen Energiequellen zeigen, die auf sie ansprechen.

Zwischen Aufforderungscharakteren, die arbeitsfähige Energie freisetzen, und den übrigen den Geschehensablauf beherrschenden Feldkräften gibt es naturgemäß alle Übergänge. Das ändert aber nichts daran, daß man im Prinzip allemal nach den *Energiequellen* des betreffenden Geschehens wird fragen müssen.

Das gilt auch für die Fälle von Steuerung im engeren Sinne des Wortes. Auch dort darf man nicht außer acht lassen, daß die für die Steuerung notwendigen geringen Kräfte und Energien nicht identisch sind mit den Energien des gesteuerten Systems, und daß der Effekt ausbleibt, wenn der Energiezufluß für das Hauptgeschehen versagt. (Analogie: Ausbleiben des Hauptstromes bei der Verstärkerröhre.)

Was alles *inhaltlich* als seelische Energiequellen in Frage kommt, kann hier nicht erörtert werden. Jedenfalls spielen die Bedürfnisse und zentralen Willensziele eine wichtige Rolle. Einige allgemeine hierher gehörige Fragen über die Struktur der seelischen energetischen Systeme seien jedoch noch besprochen.

5. *Die seelischen Energien und die Struktur der Seele.*

Man pflegt gegenwärtig die Einheit der Seele wieder stärker zu betonen. Das soll ein Protest sein gegen das „atomistische Zerfällen" der Seele in stückhaft nebeneinanderstehende Empfindungen, Gefühle und sonstige Erlebnisse. Die Frage nach der Einheit der Seele ist jedoch in sich noch durchaus vieldeutig, und wir werden später (vgl. S. 36), um Mißverständnisse zu vermeiden, eine Reihe von Fragen, die man dabei im Sinne haben kann, nennen. Hier mag nur voraus darauf hingewiesen werden, daß wir nicht den ganzen, mit dem vieldeutigen Terminus „Einheit der Seele" zusammenhängenden Problemkomplex, sondern ein bestimmtes, die seelischen Energien betreffendes Problem erörtern wollen.

Zunächst ist allgemein Folgendes zu bemerken: Gerade wenn man Ganzheitsprobleme in den Mittelpunkt stellen will, wird man sich vor der Tendenz hüten müssen, die Ganzheiten äußerlich möglichst umfangreich zu machen. Vor allem wird man sich klar darüber sein müssen, daß die konkrete, über allgemeine Vagheiten hinausgehende Forschung allemal nach der Strukturiertheit der vorliegenden Ganzheiten in Unterganze und nach den speziellen Grenzen der im Einzelfalle maßgebenden Systemganzen wird fragen müssen.

Man neigt wahrscheinlich mit Recht dazu, die Einheitlichkeit des Gesamtbereiches des Seelischen, das ein Individuum ausmacht, als vergleichsweise höher anzusetzen als die Einheitlichkeit der physikalischen Natur. Aber der Satz „alles hängt mit allem zusammen", der die Verhältnisse in der physikalischen Natur keineswegs adäquat wiedergibt[1]), gilt auch nicht für die Totalität der Seele, obschon er in beiden Fällen in gewissem Ausmaße richtig ist.

Daß ich vor fünfundzwanzig Jahren mich beim Aufwachen darüber gefreut habe, daß ich an diesem Tage nicht in die Schule zu gehen brauche, daß ich einen Drachen habe steigen lassen, zu spät zum Mittag gekommen bin, sehr viel Nachtisch gegessen habe, im Garten gespielt habe und was alles die folgenden Tage und Wochen an Erlebnissen ausgefüllt hat, das mag unter gewissen Umständen (etwa in der Hypnose) reproduziert werden können und ist also nicht in jedem Sinne tot. Ja zweifellos spielt die Gesamtheit der Erlebnisse der Kindheit für die ganze Entwicklung und also auch für das gegenwärtige Verhalten eine ausschlaggebende Rolle und gewisse besondere Erlebnisse können noch eine akute Bedeutung für das gegenwärtige seelische Geschehen haben.

---

[1]) Vgl. *Köhler*, Die psychischen Gestalten, Erlangen 1920.

Jedes einzelne vergangene alltägliche Erlebnis mag also das gegenwärtige Seelenleben noch „*irgendwie*" beeinflussen. Aber dieser Einfluß ist in den meisten Fällen nicht anders zu bewerten als der Einfluß irgendwelcher spezieller Änderungen eines Fixsternes auf das physikalische Geschehen in meiner Stube: *nicht daß ein Einfluß besteht, ist festzustellen, sondern daß der Einfluß außerordentlich klein, annähernd null ist.*

Diese Einflußlosigkeit gilt keineswegs nur zwischen zeitlich weitab liegenden Erlebnissen. Ich sehe zum Fenster hinaus und beobachte die Bewegungen der Rauchfahne eines Schornsteins. Gewiß *kann* ein derartiges Erlebnis in einem besonderen Falle das sonstige Seelenleben stark beeinflussen; aber im allgemeinen hängt mit den tausend täglichen „kleinen Erlebnissen" keineswegs jedes andere psychische Geschehen zusammen. Das Verhalten würde sich nicht oder eben nur „unmerklich" verändern, wenn sehr viele Erlebnisse nicht oder anders eingetreten wären.

Der Satz: „im Seelischen hängt alles mit allem zusammen", ist jedoch durchaus nicht nur deshalb unzulänglich, weil es notwendig ist, Entscheidendes vom Unwichtigen zu trennen. Es genügt nicht, an seiner Stelle etwas zu sagen: „zwar nicht jedes, wohl aber jedes starke oder bedeutsame Erlebnis hängt mit den übrigen seelischen Geschehnissen zusammen". Auch ein solcher, sozusagen quantitiv korrigierter Satz bleibt unzutreffend.

Der Zusammenhang der psychischen Ereignisse untereinander und die Breite des Einflusses jedes einzelnen Erlebnisses auf die anderen psychischen Prozesse ist nicht einfach von seiner Stärke, ja nicht einmal von seiner realen Wichtigkeit abhängig. Die einzelnen psychischen Erlebnisse, die Handlungen und Affekte, Vornahmen, Wünsche und Hoffnungen sind vielmehr *eingebettet in ganz bestimmte seelische Gebilde* (Komplexe), *Persönlichkeitssphären* und *Geschehensganzheiten*. Man wird z. B. mitten in einer Unterredung telephonisch wegen einer gleichgültigen Angelegenheit angerufen, die man mit ein paar Worten erledigt. Dann mag die Gesamtsituation etwa zu einer beschleunigteren Beendigung des Telephongespräches führen. Aber die einzelnen Erlebnisse, Wünsche und Absichten, die in der vorausgehenden Unterredung eine entscheidende Rolle gespielt haben und die auch die nunmehr wiederaufgenommene Unterhaltung grundlegend beeinflussen, sind für das Telephongespräch in der Regel so gut wie bedeutungslos, sofern nicht außergewöhnlich starke Spannungen vorliegen.

Ob und wie zwei psychische Ereignisse aufeinander einwirken, hängt also weitgehend davon ab, ob sie in *denselben* oder in *verschiedene* Gesamtprozesse eingebettet sind, resp. welche *Stellung diese verschiedenen seelischen Komplexe zueinander haben*. So kann ein an und für sich schwaches Erlebnis für bestimmte, zeitlich eventuell relativ entfernte psychische Ereignisse von wesentlicher Bedeutung sein, während sehr viel stärkere psychische Erlebnisse selbst auf zeitlich näher liegende Vorgänge, die einem fremden Komplex angehören, so gut wie ohne Wirkung sein können.

Auch der Zusammenhang, wie er sich *gedächtnismäßig* herausbildet, ist nicht allein von den Intensitäts- und Zeitverhältnissen abhängig, sondern wird beherrscht von der sachlichen Zugehörigkeit zu dem gleichen Gesamtprozeß[1]).

Die Zugehörigkeit zu ganz bestimmten seelischen Komplexen gilt nun in hohem Grade auch für die dynamisch grundlegenden *seelischen Spannungen und Energien*.

Die einzelnen seelischen Bedürfnisse oder die Spannungen, die aus bestimmten Geschehensabläufen und Erlebnissen resultieren, stehen zweifellos häufig in einem gewissen Zusammenhang miteinander. So kann es kommen, daß z. B. affektive Energien aus einem System in ein anderes übergehen, (z. B. etwa aus Ereignissen im „Berufsleben" auf Vorgänge im „Familienleben") und dort zum Ausbruch kommen, daß ferner die Sättigung eines Bedürfnisses die Mitsättigung funktionell benachbarter Bedürfnisse schafft. Diese *Kommunikation* ist jedoch zwischen den verschiedenen gespannten seelischen Systemen *sehr verschieden eng*. Auch die allgemeine Tendenz zur Kommunikation scheint bei gewissen seelischen Zuständen und bei verschiedenen Individuen verschieden stark zu sein. Das darf jedoch nicht vergessen lassen, daß nicht etwa jedes dynamische seelische System mit jedem anderen eine deutliche Kommunikation zeigt, sondern daß die Kommunikation in sehr vielen Fällen außerordentlich schwach, ja gleich null ist.

Gäbe es nicht diese bisweilen erstaunlich weitgehende Abschließung verschiedener psychischer Komplexe gegeneinander, sondern wäre eine dauernde reale Einheit der Seele vorhanden, derart, daß man alle momentan vorhandenen seelischen Spannungen als Spannungen in einem gleichmäßig einheitlichen, geschlossenen System zu betrachten hätte, so wäre u. a. keine *geordnete Handlung* möglich. Erst der faktisch extreme Abschluß gegen die Mehrzahl aller gleichzeitig vorhandenen, häufig sehr viel stärkeren seelischen Spannungen und die praktisch ausschließliche Kopplung der *motorischen* Sphäre mit *einem* ganz speziellen Bereich innerer Spannungen macht eine geordnete Handlung möglich. Dieser Abschluß wird nicht etwa immer erst zum Zwecke einer bestimmten Aktion durch zeitweilige Ausschaltung aller anderen in der Seele vorhandener Spannungen vorgenommen, sondern die seelischen Spannungen entstehen von vornherein in bestimmten seelischen Gebilden oder Gebieten, die sich auf Grund gewisser hier nicht

---

[1]) *Poppelreuter*, Über die Ordnung des Vorstellungsablaufs. Arch. f. d. ges. Psychol. **25**, 208—209. 1912.

näher zu erörternder dynamischer Vorgänge bereits gebildet haben oder sich momentan bilden.

Wir fassen die Überlegungen dieses Kapitels zusammen: Die Seele gilt vielfach geradezu als Prototyp der Einheit. Die „Einheit des Bewußtseins", die Einheit der Person werden häufig als Grundlage und selbstverständliche Voraussetzung weitreichender Gedankengänge verwendet und die Unteilbarkeit des Individuums gerade in seelischer Hinsicht erscheint eng verbunden mit der Sondernatur, der absolut einmaligen Eigenart, die man einem Individuum zuzuschreiben pflegt.

Bei genauerem Hinsehen ergeben sich hier jedoch eine ganze Reihe von Einheitlichkeitsproblemen. Die Frage der *Einheit des Bewußtseins* ist nicht identisch mit der Frage nach Einheit des Gesamtbereiches der psychischen Gebilde und Prozesse, der gespannten und ungespannten seelischen Systeme, deren *Totalität* man als *Seele* bezeichnen kann. Es ist ferner zumindest fraglich, ob nicht das, was man als „*Ich*", als „*Selbst*"[1]) bezeichnen kann, und dessen Einheitlichkeit für viele Probleme wichtig ist, nur *einen* Komplex resp. ein funktionelles Teilgebiet innerhalb dieser seelischen Totalität darstellt (vgl. dazu S. 36).

Wir sprechen hier nicht von diesem Problem der Einheit des Ichs, sondern nur vom Problem der dynamischen Homogenität der Seele.

Ferner: Die seelische Totalität, die Herr X darstellt ist jedenfalls verschieden von der des Herrn R und der des Kindes Q. Diese Verschiedenheit, die *Eigenart* der betreffenden Person ausmacht, ihre Individualität im Sinne des Sichabhebens ihrer Art von der Eigenart der anderen Individuen, dürfte sich irgendwie in jedem ihrer Vorgänge, Teile und Äußerungen als immer dieselbe spezielle, charakteristische Eigenart zeigen. Auch die Frage nach dieser Eigenart, also danach, ob und wie solche identische Charakteristika aller Vorgänge in dieser Seele aufweisbar sind und worin sie gegebenenfalls bestehen (eine Frage, die für die Individualpsychologie grundlegend ist), wollen wir hier ganz ausschalten. Eine solche Eigenartigkeit alles dessen, was zu derselben seelischen Totalität gehört, könnte auch dann vorhanden sein, wenn sie dynamisch keineswegs eine feste Einheit (starke Gestalt) darstellt, wenn also etwa jede dieser Totalitäten einer ganzen physikalischen Welt zu vergleichen wäre und nicht die Einheitlichkeit eines physischen Organismus oder gar eines einzigen homogenen geschlossenen Systems besäße. Nicht die Frage der überall gleichen Eigenart der Vorgänge, die derselben seelischen Totalität angehören, wird hier erörtert, sondern lediglich die Frage nach der kausal-dynamischen Homogenität der Seele, nach dem Vorhandensein relativ gesonderter energiehaltiger Systeme.

Schließlich sei folgendes hervorgehoben. Das Bestehen relativ getrennter seelischer energetischer Systeme hat nichts mit der Unterscheidung der verschie-

---

[1]) Vgl. *James*, Psychologie. Leipzig 1909.

denen seelischen „Vermögen": des Gedächtnisses, des Willens, des Verstandes zu tun. Vielmehr ist das Aufheben der scharfen Grenze zwischen diesen Problemgebieten geradezu eine Voraussetzung für die hier vertretenen Gedankengänge.

Daher ergibt sich: Zweifellos besteht in gewissen Sphären, z. B. innerhalb der Motorik eine relativ große Einheitlichkeit. Aber wie hoch immer man den Grad der Einheitlichkeit in einer seelischen Totalität ansetzen mag: eine entscheidende Voraussetzung für eine eindringendere psychologische Forschung bleibt die Einsicht, daß *innerhalb der Seele* Bereiche von außerordentlich *verschieden* engem Zusammenhang bestehen. Nicht ein einziges einheitliches System, sondern eine große Anzahl solcher „starken Gestalten" sind vorhanden, die zum Teil in Kommunikation miteinander stehen, also Bestandteile einer umfassenderen „schwachen Gestalt" bilden. Andere seelische Gebilde wiederum zeigen keinen irgendwie nennenswerten realen Zusammenhang. Die Auffassung der Seele als eines einzigen, in allen Teilen gleichermaßen einheitlichen Ganzen unterscheidet sich von der Auffassung der seelischen Totalität als eines summativen Inbegriffs von Erlebnissen im Grunde nur formal durch den Oberbegriff, aber nicht in einer für die Forschung relevanten Weise. Es gilt demgegenüber die Seele in ihrer *natürlichen Strukturiertheit*, also die psychischen Komplexe, Schichten und Sphären zu erkennen; es gilt festzustellen, wo Ganzheiten vorhanden sind und wo nicht.

Die Bildung bestimmter seelischer Komplexe hängt zum Teil mit der ontogenetischen Entwicklung der Seele zusammen. Sie zeigt daher, wie jede Entwicklung, auch ein spezifisch „geschichtliches" Moment.

6. Die Gleichgewichtstendenz; die dynamische Grenzfestigkeit und relative Abgeschlossenheit der seelischen gespannten Systeme.

Zu ähnlichen Ergebnissen über die Struktur des Seelischen in dynamischer Hinsicht führen folgende Überlegungen.

Die psychischen Prozesse lassen sich (wie überhaupt die biologischen Prozesse und analog die physikalischen, ökonomischen oder sonstigen Prozesse) bei Anwendung gewisser Gesichtspunkte vielfach aus der Tendenz zur *Herstellung eines Gleichgewichts* ableiten. Der Übergang von einem Ruhezustand zu einem Geschehen, sowie die Veränderung eines stationären Geschehens lassen sich darauf zurückführen, daß das Gleichgewicht an gewissen Punkten gestört ist, und nun ein Geschehen in der Richtung auf einen neuen Gleichgewichtszustand hin einsetzt.

Für die Durchführung dieses Gedankens wird man jedoch einige Punkte besonders beachten müssen.

1. Das Geschehen bewegt sich in der Richtung auf einen Gleichgewichtszustand nur für das *System als Ganzes*. Teilvorgänge können dabei in entgegengesetzten Richtungen verlaufen[1]), ein Sachverhalt,

---

[1]) *Köhler*, a. a. O., 1920.

der z. B. für die Theorie der Umweghandlungen von größter Bedeutung ist. Es kommt also darauf an, das jeweils maßgebende Systemganze zugrunde zu legen; ja, die konkrete Forschungsaufgabe wird häufig geradezu im Aufsuchen dieses „maßgebenden" Systems, seiner Grenzen und seiner inneren Struktur bestehen, aus der sich die besonderen Geschehnisse auf Grund des angeführten allgemeinen Satzes dann ohne weiteres ergeben.

2. Ein Gleichgewichtszustand in einem System bedeutet ferner nicht, daß ein spannungsloser Zustand in diesem System herrscht. Systeme können vielmehr auch *in gespanntem Zustand ins Gleichgewicht kommen* (z. B. eine Feder im Spannungszustand oder ein Behälter mit unter Druck befindlichen Gasen). Das Auftreten eines derartigen Systems setzt jedoch eine gewisse *Grenzfestigkeit* und faktische *Abgeschlossenheit* des Systems (beides nicht in räumlichem, sondern funktionellem Sinne verstanden) gegen sein Umfeld voraus.

Liegt kein so fester Zusammenhang der verschiedenen Teile des Systems untereinander vor, daß den auf Verschiebung drängenden Kräften standgehalten wird (d. h. zeigt das System nicht in sich eine genügende „innere Festigkeit", sondern ist „flüssig"), oder ist das System durch keine hinreichend festen „Wände" gegen das Umfeld abgeschlossen, sondern ist es gegen die Nachbarsysteme offen, so kommt es nicht zu stationären Spannungen; vielmehr erfolgt im Sinne der einseitigen Kräfte ein Geschehen, das auf die Nachbarbereiche unter Abfluß von Energie übergreift und das in der Richtung auf ein „Gleichgewicht auf einem geringeren Spannungsniveau" im Gesamtbereich erfolgt. Die Voraussetzung für das Bestehen eines stationären Spannungszustandes ist also eine gewisse „*Festigkeit*" des fraglichen Systems, sei es seine „innere" Festigkeit, sei es die Festigkeit seiner „Wände".

Wir benutzen hier den Begriff der „Festigkeit eines Systems" lediglich in dynamisch-funktionellem Sinne, ohne damit eine spezielle Behauptung über das Material des betreffenden Systems aufzustellen. Naturgemäß kann die feste Grenze eines Systems auch durch ein umliegendes System in Spannungszustand gebildet werden. Dann gelten die oben besprochenen Voraussetzungen doch wiederum für die beiden Systeme als Ganzes.

Für die psychischen Abläufe ist nun das Entstehen solcher *gespannten Systeme* sehr charakteristisch (jedenfalls für die Zeit nach dem Säuglingsalter). Wohl läßt sich eine Tendenz beobachten, die auf eine sofortige Entladung der Spannungen (auf einen Gleichgewichtszustand auf möglichst geringem Spannungsniveau) hindrängen. Häufig aber ist infolge der Gesamtsituation ein derartiger Ausgleich, etwa durch Erfüllung eines Wunsches, nicht sofort möglich, sei es, daß der Ausgleich erst sehr allmählich, z. B. auf Grund einer längeren Bemühung herzustellen ist, sei es, daß er momentan überhaupt nicht erreichbar ist. Dann entsteht zunächst ein stationäres gespanntes System, das, wenn es sich um eine sehr tiefliegende Gleichgewichtsstörung handelt, breite seelische Schichten umfassen kann. Das Kind, dem ein wichtiger Wunsch versagt ist, wirft sich etwa auf die Erde und bleibt dort wie aus Verzweiflung im Spannungszustand erstarrt. In der Regel (resp. nach einiger Zeit) resultiert jedoch ein *spezielles* gespanntes System. Der unerfüllte Wunsch z. B. oder die halb erledigte Handlung setzt nicht die gesamte Motorik lahm oder erfüllt die ganze Seele mit Spannung, sondern es bleibt ein spezielles gespanntes System zurück, das erlebnismäßig für lange Zeit nicht in Erscheinung zu treten und den Ablauf des übrigen psychischen Geschehens nur wenig zu beeinflussen braucht. Bei geeigneter Gelegenheit jedoch kann sich seine Existenz in stärkstem Grade z. B. durch das Einsetzen von Erledigungsaktionen wiederum geltend machen.

Bei manchen solchen gespannten Systemen erfolgt auch dann, wenn ein direkter Spannungsausgleich z. B. durch Erfüllung des Wunsches oder Erledigung der Handlung in späterer Zeit unterbleibt, doch allmählich eine Entspannung: sei es, daß der Spannungsausgleich durch eine Ersatzerledigung erfolgt, sei es, daß der Abschluß des Systems immerhin als nicht so fest anzunehmen ist, daß nicht allmählich der Ausgleich ins Umfeld (nach Art etwa einer Diffusion) stattfinden könnte. Sehr häufig jedoch bestehen die Spannungen solcher spezieller Systeme auch über längere Zeitstrecken weiter oder die Spannung ist nur abgeschwächt. D. h. also: auch *im Seelischen finden sich Systeme relativ weitgehender funktioneller Festigkeit und Abgeschlossenheit*.

Beim Erwachsenen jedenfalls besteht in der Regel eine große Anzahl relativ gesonderter gespannter Systeme nebeneinander, die durch eine allgemeine Entspannung der Gesamtperson zwar in ihrer Wirkung beeinflußt, aber nur selten und meist unvollkommen wirklich entspannt werden können. Sie bilden Energiereservoire des Handelns und ohne ihre relativ weitgehende Sonderung gegeneinander wäre ein geordnetes Handeln unmöglich.

Auch die experimentellen Untersuchungen über halberledigte Handlungen[1]) zeigen eindringlich, daß die Seele dynamisch keineswegs eine vollkommen geschlossene Einheit bildet. Werden z. B. innerhalb einer Reihe von Handlungen im Experiment mehrere Handlungen vor Erledigung vom Vl. abgebrochen, so resultiert nur selten und nur in geringem Ausmaß ein „allgemeiner" Spannungszustand, der bei jeder neuen unerledigten Handlung weiter ansteigt. Statt *eines* Gesamtspannungszustandes, der auf Entspannung in beliebiger Weise, z. B. durch Weiterarbeiten an den bereits erledigten Handlungen drängt, ergeben sich eine Reihe relativ selbständiger, gespannter Systeme, die

---

[1]) Vgl. S. 49 f. u. 81.

ihre relative Gesondertheit in verschiedener Richtung erweisen. Nur bei sehr starken Spannungen pflegt der Spannungszustand sich weit über die Nachbarbereiche hin auszudehnen.

Das Problem, ob das Seelische ein einziges homogenes System darstellt, in dem im wesentlichen alles mit allem zusammenhängt, oder ob es auch im Seelischen relativ gesonderte dynamische Systeme gibt, ist im übrigen nicht identisch mit dem Problem der *Einheit des „Ichs"*, wie es etwa bei dem Phänomen der „Spaltung der Persönlichkeit" akut wird, wennschon beide Probleme gewisse Beziehungen zueinander haben.

Die Frage, die damit angeschnitten wird, ist außerordentlich schwierig und weitreichend. Ihre konkrete Erörterung setzt im Grunde ein sehr viel weiteres Vorgeschrittensein der experimentellen Erforschung der seelischen Struktur voraus. Die folgenden, nur als tastender Ansatz zu wertenden Bemerkungen erwachsen aus dem Bestreben, gewisse naheliegende Mißdeutungen zu vermeiden und zugleich auf einige theoretische Möglichkeiten hinzuweisen, deren Diskussion die konkrete experimentelle Arbeit an unseren Problemen immer wieder nahelegt.

An und für sich liegt es gestalttheoretischem Denken nahe, das Ich vom seelischen Ganzen her, etwa als dessen strukturelle Eigenart zu verstehen. In der Tat liegt ein derartiger Begriff dem Begriff des *Charakters* zugrunde, für dessen adäquate Konzeption man nicht von dem Vorhandensein bestimmter isolierter Eigenschaften, sondern von dem Ganzen der Person wird ausgehen müssen. Kommt man von hier aus zu den Problemen der seelischen, dynamischen Systeme, so wird man zunächst ebenfalls versuchen, das „Ich" mit dem Inbegriff des seelischen Ganzen gleichzusetzen.

Demgegenüber drängen eine Reihe von Fakten zu der Auffassung, daß man innerhalb des Seelischen einen besonderen Bereich als „Ich" im engeren Sinne abgrenzen muß. Nicht jeder psychisch existente Komplex würde diesem zentralen Ich angehören (z. B. nicht alle „Du", nicht alle Dinge, Menschen und Umweltsphären, von denen ich weiß und die für mich eventuell sehr wichtig sind, die aber nicht meinem Ich zugehören). Diesem Ich-Komplex käme — und das ist das wichtigste — auch in funktioneller Hinsicht eine gewisse Sonderstellung zu. Nicht jedes psychische gespannte System stände in Kommunikation mit diesem Ich. Spannungen, die das Ich betreffen, hätten auch funktionell eine besondere Bedeutung im psychischen Gesamtorganismus (vgl. Kap. 7), und es wäre möglich, daß innerhalb dieses Bereiches verschieden gerichtete Spannungen ungleich stärker zu einem Ausgleich tendieren und relativ abgesonderte dynamische Systeme sehr viel weniger leicht bestehen können.

Man wird zu einer solchen oder ähnlichen Konstruktion nur schreiten, wenn schwerwiegende Fakten der Dynamik, etwa auf affektivem Gebiete, dazu zwingen sollten. Hier ist nur darauf hinzuweisen, daß die Unterscheidung relativ gesonderter seelischer Systeme noch verschiedene Möglichkeiten für die Frage der Einheit und Einheitlichkeit des Ichs offen läßt.

Zusammenfassend wäre jedenfalls zu bemerken: Wir haben oben gesehen, daß es für die Erforschung der kausalen Verhältnisse und dynamischen Beziehungen notwendig ist, besonders die seelischen Spannungen und Energiequellen zu beachten. *Diese seelischen Spannungen und Energien gehören Systemen an, die in sich dynamische Einheiten darstellen und eine höhere oder geringere Abgeschlossenheit zeigen.* Für das seelische Geschehen, den Ausgleich seelischer Spannungen und den Abfluß seelischer Energien ist daher die Struktur des betreffenden dynamischen Systems, das Vorhandensein starker und schwacher Kommunikationen, sowie das Fehlen der Kommunikation mit verschiedenen anderen seelischen Systemen, sowie jede Verschiebung in diesen Grenzverhältnissen von größter Bedeutung.

Man wird also auch bei der Behandlung von Problemen der seelischen Energien und Spannungen nie vergessen dürfen, daß sie eine Stellung in bestimmten seelischen Systemen haben und daher nach jenen (gestalttheoretischen) Gesichtspunkten behandelt werden müssen, die für derartige Systeme gelten.

7. *Die psychischen Prozesse als Lebensvorgänge.*

Die Behandlung der seelischen Energiequellen als dynamischer Systeme, die miteinander teils in enger, teils in geringer Kommunikation stehen, darf nicht vergessen lassen, daß es sich bei psychischen Prozessen um *Lebensvorgänge* handelt. Dieser Umstand mußte in den vorangegangenen Ausführungen naturgemäß in den Hintergrund treten, da es sich bei dem gegenwärtigen Stande der Frage nach den seelischen Kräften und Energien nur darum handeln kann, zunächst einige allgemeine primitive Feststellungen zu treffen. Daher sei er, um Mißverständnisse zu vermeiden, wenigstens kurz betont.

Die bloße Unterscheidung verschiedener Kommunikationsgrade zwischen den dynamischen Systemen dürfte für die adäquate Beschreibung der seelischen Struktur nicht ausreichen, sondern man wird daneben wohl *Schichten* verschiedener funktioneller Bedeutung unterscheiden müssen.

Die besondere Bedeutung, die das motorische Geschehen für den Ausgleich psychischer Spannungen besitzt, die Art wie die Motorik mit bestimmten seelischen Systemen in Kommunikation treten kann, und die Umstände, unter denen diese Kommunikation wechselt, geben z. B. der *motorischen Sphäre* eine solche relative funktionelle Sonderstellung. Ähnlich kann man nach der funktionellen Bedeutung des bewußten Denkens oder des anschaulichen Vorstellens fragen. (Auch innerhalb der Wahrnehmungsprozesse wird man wahrscheinlich über die unzulängliche Unterscheidung zentraler und peripherer Vorgänge hinaus spezielle funktionelle Schichten unterscheiden müssen.)

Ferner spielen Veränderungen eine große Rolle, die ausgesprochen den Typus der *Entwicklung*, der *Reifung*, des *Wachstums* oder der *Regulation* zeigen.

Das trifft nicht zuletzt für die seelischen Energiequellen zu, z. B. für die psychischen Bedürfnisse. Die Bedürfnisse zeigen eine ausgesprochene *Ontogenese*. Das gilt nicht nur von solchen Bedürfnissen wie den sexuellen, sondern generell. Das kleine Kind etwa hat typisch Freude am Herunterwerfen von Dingen; später schiebt es die Dinge unter den Schrank und den Teppich herunter; als etwas älteres Kind versteckt es sich selbst gerne und spielt „Suchen"; auch bei gewissen Lügen spielt das Verstecken eine große Rolle. Oder: das Kleinkind klappt zunächst gerne ein bestimmtes Kästchen auf und zu; dann öffnet oder schließt es, noch auf dem Arm der Mutter sitzend, mit Vorliebe eine Tür; später, wenn es laufen kann, dehnt es dieses Türspiel häufig ins Unendliche aus und liebt es ferner, alle Schubfächer auf- und zuzuschieben. Für solche und ähnliche Fälle ist allemal nicht nur die Entwicklung der „Fähigkeit zu bestimmten Leistungen" zu verfolgen, sondern es liegt auch eine Entwicklung der *Neigungen*, der Bedürfnisse, der Interessen vor[1]). Es gilt, für das konkrete Bedürfnis und für das einzelne Kind zu verfolgen, welche inhaltliche Entwicklung das Bedürfnis nimmt, wo eine Steigerung und wo eine Abschwächung eintritt, wo ein zunächst breiteres Bedürfnis sich auf eine gewisse enge Sphäre von Aufforderungscharakteren zuspitzt, und wo umgekehrt sich eine ganz spezielle Neigung auf Nachbargebiete verbreitet. Dabei wird man allemal die Identität der Leistungsart nicht zum alleinigen Kriterium der Zugehörigkeit zum gleichen Bedürfnis machen dürfen. Sondern äußerlich recht verschiedene Handlungen können ihren Energiequellen nach eng zusammengehören, während äußerlich sehr nahe stehende Handlungen, etwa das Puppenspielen (oder die Beschäftigung mit dem Baukasten oder das Elektrischespielen) des zweijährigen und des vierjährigen Kindes sehr verschieden fundiert sein können.

Solche Entwicklungen zeigen häufig einen gleichen Rhythmus wie z. B. die biologische Entwicklung des Eies: sie verlaufen in Geschehensschritten, die in sich weitgehend autonom sind. Der Begriff der *Reifung* und der *Krise* wird wesentlich.

Über die ontogenetische Entwicklung gelagert ist der raschere Rhythmus des An- und Abschwellens der Neigungen und Bedürfnisse (die psychische Sättigung und das Wieder-ungesättigt-werden).

Man hat die Physiologie, zu deren Grundfragen das Problem des Energiehaushaltes im Organismus gehört, bis in die jüngste Vergangenheit hinein als „Physik am Leben" behandelt. Man hat den Energie-

---

[1]) *Lau*, Beiträge zur Psychologie der Jugend in der Pubertätszeit, 2. Aufl., Langensalza 1924.

umsatz aufs genaueste studiert, aber darüber vergessen, daß diese Prozesse hier eingebettet sind in den Organismus, und hat so die eigentlich biologischen Probleme der Energievorgänge stark vernachlässigt. Mit der eigentümlichen Stellung, die der Energieumsatz in der Biologie als ein Moment des Lebensprozesses bekommt, sind gewisse spezifische Probleme gegeben, die man z. B. durch den Terminus „Mittel organischen Geschehens" zu kennzeichnen versucht hat.

Für die psychologischen Energieprobleme besteht eine analoge Gefahr und eine analoge Schwierigkeit, die vor allem bei der Durchführung der Fragen am konkreten Material zutage treten. Es ergeben sich z. B. gewisse Systeme mit gewissen Spannungen und Geschwindigkeiten des Spannungsausgleichs, die sich auf den Grad der Kommunikation des betreffenden Systems mit den Nachbarbereichen und auf das Verhältnis ihrer Spannungen zurückführen lassen, und bei deren Behandlung man im Prinzip mit den oben angeführten oder verwandten Grundbegriffen der Energievorgänge durchkommt. Daneben aber treten mitunter ziemlich abrupt Regulationserscheinungen auf (z. B. dann, wenn man vom Eintreten eines Sichbeherrschen oder Wollen zu reden pflegt), die sich von den zunächst zugrundegelegten und sich bis dahin als adäquat erwiesenen Ansätzen nicht mehr ableiten lassen. In solchen Fällen nützt bisweilen der Übergang zu umfassenderen Bereichen, die bei ihrer Behandlung als Gesamtsystem das zunächst Unverständliche klären. Es kann hier nicht erörtert werden, ob man auf diesem Wege durch Rekurs auf Ganzheiten verschiedenen Umfanges und verschiedener Stärke immer zum Ziele gelangen wird, oder ob die psychischen Wachstums- und Reifungsprozesse die Benutzung noch wesentlich anderer als der oben genannten Begriffsstrukturen erfordern. Denn hier liegen Fragen vor, die das Gesamtgebiet des Lebens umgreifen[1]). Jedenfalls wird beide Male derselbe Begriff der dynamischen Ganzheit im prägnanten Sinne der dynamischen Gestalt eine entscheidende Rolle spielen, und es bleibt ein weites Gebiet der psychologischen experimentellen Erforschung vorgezeichnet, das auch für die Lösung der allgemeinen Probleme des Lebens entscheidende Klärungen zu bringen verspricht.

---

[1]) Vgl. *Lewin*, Begriff der Genese. Berlin 1922.

II.
Vorsatz, Wille und Bedürfnis.

Eine wesentliche Schwierigkeit für die experimentelle Erforschung vor allem der triebhaften Handlung beruht auf der Stellung, die man den Willensproblemen herkömmlich im Gesamtgebiet der psychologischen Theoreme einräumt. Geleitet von vorwiegend *phänomenologischen* Gesichtspunkten und von der Frage nach den letzten „*Erlebniselementen*" hat man das „Wesen" der Willensprozesse in einem Erlebnis von ausgeprägter Eigennatur gesehen: dem Entschluß, dem Vorsatz o. ä. Das Aufstellen solcher rein phänomenologischen Erlebnistypen ist in mancher Hinsicht wichtig genug. Man darf eine derartige Gruppierung jedoch nicht zur ausschließlichen oder auch nur bestimmenden Grundlage für die Erforschung der *kausalen* Zusammenhänge machen.

Bei den Willensproblemen hat die Überbetonung des Phänomenologischen in Kausalfragen dazu beigetragen, daß man einen verbreiteten Typus von Prozessen, die dynamisch den Charakter von Willensprozessen in ausgeprägtestem Maße zeigen, zuwenig beachtet hat. Erlebnismäßige Besonderheiten treten bei ihm häufig wenig hervor, aber selbst dort, wo sie ausgeprägt genug sind, haben sie typisch nicht den Charakter eines einzelnen, wohlgerundeten Erlebnisaktes, der sich aus dem psychischen Geschehensablauf so relativ leicht herausschälen läßt wie ein ausgeprägter Entschlußakt. Seine Erlebniseigentümlichkeiten sind in der Regel mehr zuständlicher Art oder finden ihren Ausdruck überhaupt nur in der Struktur des betreffenden Geschehensablaufes: ich meine die Vorgänge der *Beherrschung*, sei es des beherrschten Affektes, sei es der beherrschten Handlung.

In der *Pädagogik* allerdings hat man die Frage der Beherrschung seit alters her als eine Grundfrage der Erziehung betrachtet.

Die veränderte Bedeutung des Vorsatzes in der modernen Willenserziehung.

Nachdem eine Zeitlang die an sich durchaus berechtigte Tendenz zur kindgemäßen Erziehung zu einem schwächlichen Gehenlassen zu führen drohte, hat man gerade in jüngster Zeit wieder die Willenserziehung in ungleich stärkerem Maße betont. Diese moderne Willenserziehung zeigt gewisse charakteristische Züge. Auf sie mag hier einleitend hingewiesen werden, soweit sie mit den im folgenden behandelten theoretischen Fragen zusammenhängen.

Diese Strömungen also wollen eine Willenserziehung. Aber sie lehnen es ab, die *Dressur* und das *Gehorchen* in den Mittelpunkt dieser Erziehung zu stellen. Das Hauptzeichen für „*Disziplin*" in der Schule der vergangenen Generation war: Stillsitzen der Kinder in vorgeschriebener Haltung, Ruhe in den Stunden, Aufmerksamkeit, Gehorchen aufs Wort. Die erwähnten modernen Strömungen kennen diese „*äußere*" Disziplin ebenfalls, schränken sie aber auf ganz bestimmte, zeitlich in der Regel wenig ausgedehnte Situationen ein: auf gewisse Turnübungen u. ä. Als Grundhaltung für Schule und Unterricht lehnen sie sie jedoch durchaus ab. Das Kind bleibt in seiner Bewegung und Handlung ungleich freier[1]), und in der Tat hat der oberflächliche Betrachter viel eher den Eindruck einer gewissen Unordnung.

Es wäre jedoch völlig irrig, darin bloß die Tendenz zu sehen, dem Kinde das lästige Stillsitzen zu ersparen. Viel wesentlicher ist folgendes: Das Kind, das in der Schule brav und diszipliniert gewesen ist, kann sehr wohl auf dem Nachhausewege unbeherrscht toben. Für die Beherrschtheit bei Erlebnissen seines sonstigen Lebens, bei denen es selbst innerlich stark beteiligt ist, lernt es durch diese Art Schuldisziplin wenig oder gar nichts. Gerade hier, wo die entscheidenden Triebkräfte und Energien liegen, können sie ungeformt wuchern. Denn zwischen der Schuldisziplin des Kindes und seinem übrigen Leben besteht ein scharfer Schnitt.

Die Situation liegt hier ähnlich wie gegenüber erotischen Problemen, deren man auch nicht dadurch Herr werden kann, daß man sie vom übrigen Leben abtrennt, sie ins Dunkle, Unerörterte abschiebt.

Es ist hier ganz unerheblich, wie man zu der Frage Stellung nimmt, ob diese „Erziehung" zu den Aufgaben der Schule gehört oder nicht. Denn naturgemäß treten die gleichen Probleme innerhalb der Familienerziehung auf.

Die moderne Willenserziehung versucht nun, das Verhalten des Kindes gerade für die Fälle, wo es natürlicherweise auf Grund der Stärke der zugrunde liegenden Energien zu Unbeherrschtheiten kommt, pädagogisch zu formen. Dies soll nicht so geschehen, daß diese Kräfte selbst unterdrückt werden, sondern man versucht sie eher zu steigern und ihnen gerade durch die Selbstbeherrschung zum vollen Leistungseffekt zu verhelfen.

Dafür ist jedoch Voraussetzung, daß der Lehrer überhaupt Zutritt zu der Schicht der eigentlichen Triebkräfte des Kindes gewinnt, d. h. daß er dem Kinde in einer Sphäre starken, natürlichen Erlebens begegnet und daß zwischen dem Verhalten in der Schule und dem sonstigen Leben des Kindes keine Scheidewand besteht.

Das Formen der seelischen Triebkräfte und die Erziehung zu einer wirklichen inneren Beherrschtheit ist nur möglich, wenn der Strom

---

[1]) Als Beispiel für diese und die folgenden Ausführungen denke man u. a. etwa an die *Hamburger Gemeinschaftsschulen* oder an die von *Jensen* und von *Karsen* in Berlin geleiteten Schulen.

dieses Geschehens selbst lebendig fließt. Das Freimachen der Triebkräfte und des Ausdrucks ist also in gewissem Sinne eine Voraussetzung für ihre Formung. In der Tat setzt die Erziehung zur Selbstbeherrschung typisch an solchen Fällen einer gesteigerten seelischen Anteilnahme ein, wie sie sich vor allem aus dem Gemeinschaftsleben der Kinder ergeben (z. B. bei der Besprechung der von Kindern hergestellten Zeichnungen, wenn der Zeichner selbst zunächst, ohne eingreifen zu dürfen, mit anhören muß, wie die verschiedenen Kinder sein Bild beschreiben oder kritisieren).

Ein Hauptcharakteristikum dieser Bestrebungen ist also der Versuch, an die eigentlichen Triebkräfte und Energiequellen selbst heranzukommen und das hier zum freien Strömen gebrachte seelische Geschehen *allmählich* der Selbstbeherrschung des Kindes in die Hand zu geben. Im Interesse gerade dieser tiefergehenden Willenserziehung wird die äußerliche Beherrschung durch die dressurhafte Fixierung eines ein für allemal feststehenden äußeren Verhaltens als Grundhaltung bekämpft.

Es ist naturgemäß, daß diese ungleich tiefergreifende pädagogische Aufgabe auch ungleich schwerer durchzuführen ist.

Mit dem ersten eng zusammen hängt ein zweiter Punkt: Das *Gehorchen* und der (gute) *Vorsatz* sind relativ stark in den Hintergrund getreten. Dafür kommt es auf die Selbstbeherrschung an. Und das ist in der Tat das Problem, das natürlicherweise ungleich stärker in den Vordergrund tritt als der Gehorsam und der Vorsatz, sobald man sein Augenmerk auf die seelischen *Triebkräfte* richtet. Denn der Vorsatz findet da, wo es sich nicht um das Erzielen eines festbestimmten und daher auch voraussehbaren äußeren Verhaltens handelt, sondern wo je nach der Gesamtlage ein äußerlich sehr verschiedenes Benehmen verlangt wird, ungleich weniger Ansatzpunkte. Überdies schöpft der Vorsatz, wie wir sehen werden, seine Kräfte doch wiederum aus tieferliegenden Energiequellen. Daher bleibt gerade in den wichtigeren Fällen die im Vorsatz liegende Vorbereitung der Zukunft ungenügend ohne eine Beherrschung der Triebkräfte in der momentanen Situation.

Dieses relative Zurückdrängen der Probleme des Vorsatzes gegenüber denen der Selbstbeherrschung äußert sich charakeristisch auch bei dem Problem des Gehorsams beim Kleinkinde. Das Kleinkind muß das Gehorchen lernen, und zwar erlernen durch Ausbilden seiner Selbstbeherrschung[1]). Übungen in der Selbstbeherrschung (z. B. „so Leisesein, daß man den eigenen Atem hören kann"), sollen auch hier die Grundlage geben. Nicht auf Gehorsam und Vorsatz wird die Selbstbeherrschung aufgebaut, sondern umgekehrt Gehorsam und Vorsatz auf Selbstbeherrschung.

Eine analoge Umschichtung, wie man sie an der Willenspädagogik beobachten kann, scheint mir nun auch für die Grundprobleme der

---

[1]) Vgl. *Montessori*, Selbsttätige Erziehung im frühen Kindesalter. Stuttgart 1913.

experimentellen Willenspsychologie notwendig zu sein. Neben die Akte der Vornahme oder des Entschlusses wird man die *Beherrschtheit* für die kausal-dynamischen Probleme der Willenstheorie ungleich stärker in den Mittelpunkt zu stellen haben, wennschon hier sehr viel weniger prägnante Einzelerlebnisse vorzuliegen pflegen.

Eine derartige Umschichtung der Problemlage innerhalb der Willenspsychologie dürfte zugleich den Zugang zur experimentellen Erforschung auch der Trieb- und Affektprobleme, mit denen die Fragen der Beherrschtheit offensichtlich unmittelbar zusammenhängen, wesentlich erleichtern, und damit den Zugang zur experimentellen Erforschung der eigentlichen seelischen Energiequellen.

Aber auch innerhalb des speziellen Problems des Vorsatzes, das uns im folgenden beschäftigen wird, wird man den Zusammenhang mit den Energien und Spannungen des seelischen Gesamtsystems nicht außer acht lassen dürfen.

I. Einige Fakten[1]).
1. Über den Einfluß der Zeit auf die Wirkung des Vorsatzes. Das abrupte Aufhören der Wirkung nach der Erledigungshandlung.

Man pflegt in der Vornahmehandlung den eigentlichen *Grundtyp einer Willenshandlung* überhaupt zu sehen. Unter den Vornahmehandlungen wiederum setzt man als das Geschehen, bei dem alle Phasen vollständig vorhanden sind und von dem man für die theoretischen Überlegungen auszugehen hat, einen Vorgang von folgendem Typus an: Die 1. Phase ist ein *Motivationsprozeß*, ein mehr oder minder langer und heftiger Kampf der Motive. Die 2. Phase besteht in dem diesen Kampf beendenden Akt der Wahl, des Entschlusses, der *Vornahme*. Ihm folgt sogleich oder in einem längeren oder kürzeren Abstand die 3. Phase, die Ausführung, die eigentliche *Vornahmehandlung* im engeren Sinne. Als das eigentliche willenspsychologische Zentralphänomen wird die 2. Phase, der *Vornahmeakt*, angesprochen. Man fragt, wie auf Grund des Vornahmeaktes die spätere Handlung zustandekommt, insbesondere in jenen Fällen, wo sich die Ausführung dem Vornahmeakt nicht unmittelbar anschließt. Hat es sich doch gezeigt, daß in solchen Fällen der Vornahmeakt keineswegs noch einmal unmittelbar vor der Handlung wiederholt zu werden braucht.

Ja, Versuche *Achs*[2]) haben erwiesen, daß eine in der Hypnose gegebene Instruktion bei posthypnotischem Eintritt des Signals ausgeführt wird, ohne daß die Vp. überhaupt etwas von der Tatsache der in der Hypnose

---

[1]) Eine ausführliche Zusammenstellung und Erörterung der Literatur über die bisherigen experimentellen Untersuchungen zur Willenspsychologie findet der Leser bei *Lindworsky*, Der Wille, 3. Aufl. Leipzig 1923.

[2]) Über die Willenstätigkeit und das Denken. Göttingen 1905.

erteilten Instruktion zu wissen braucht. Es genügt also, daß die im Vornahmeakt vorgestellte *Gelegenheit* (von *Ach* „Bezugsvorstellung" genannt), z. B. das optische Signal eintritt, damit die beabsichtigte *Ausführungshandlung* (von *Ach* „Zielvorstellung" genannt), z. B. das Herunterdrücken des Tasters, einsetzt. Es fragt sich, ob und wie diese vom Vornahmeakt ausgehende Nachwirkung näher zu charakterisieren ist.

Die herrschende Theorie faßt den Sachverhalt im wesentlichen in dem Sinne auf, daß auf Grund des Vornahmeaktes zwischen der „Bezugsvorstellung" und „Zielvorstellung" eine Beziehung geschaffen wird derart, daß der Eintritt der Bezugsvorstellung eine Handlung im Sinne der Zielvorstellung nach sich zieht. Die Assoziationstheorie[1]) sieht die Ursache dieses Geschehens in einer Assoziation zwischen Bezugs- und Zielvorstellung. Aber auch die Theorie der determinierenden Tendenz, die den assoziativen Charakter dieser Bindung leugnet, setzt die Koppelung zwischen Bezugs- und Zielvorstellung im Vornahmeakt als die *Ursache* der Vornahmehandlung an.

Um zu verstehen, wie man überhaupt zu dieser Theorie gekommen ist, muß man sich daran erinnern, daß die experimentelle Analyse von sog. Reaktionsversuchen ausgegangen ist, bei denen die Vornahme dahin geht, auf bestimmte willkürlich gewählte Signale hin bestimmte Handlungen auszuführen, die an sich mit diesen Signalen gar nichts oder nur wenig zu tun haben.

Man kann dies Problem von einer zunächst äußerlich erscheinenden Seite her angreifen und fragen: welche Rolle spielt die Länge der Zwischenzeit zwischen Vornahmeakt und Ausführung? Nimmt die Nachwirkung der Vornahme etwa allmählich ab analog z. B. dem Abfall der Assoziationen, also der sog. Kurve des Vergessens? Hier ist zunächst festzustellen, daß die Nachwirkung selbst für relativ gleichgültige, ja direkt sinnlos erscheinende Vornahmen über erstaunlich lange Zeitstrecken hin bestehen bleibt.

So wurde ein Studenten gegebener Auftrag: „bei der nächsten, nach 8 Tagen stattfindenden Übung vor dem Betreten des Psychologischen Institutes, die Stufen zum Institut hinauf zweimal zu gehen", in erstaunlich hohem Maße ausgeführt, auch wenn der Vorsatz zwischendurch nicht erneuert war.

Trotzdem gibt es gewisse Prozesse, nach denen die Nachwirkung typisch abrupt aufhört.

Man nimmt sich etwa vor, einen Brief in den Postkasten zu werfen. Der nächste Postkasten, an dem man vorüberkommt, leuchtet plötzlich auf und erinnert an die Handlung. Man wirft den Brief hinein. Die weiteren Postkästen jedoch, an denen man vorüberkommt, lassen einen völlig kalt. Generell gilt: *Das Auftreten der Gelegenheit* (Bezugsvorstellung) *bleibt* in der Regel *ohne Wirkung*, sobald *die Vornahmehandlung „erledigt" ist*.

---

[1]) *G. E. Müller*, Zur Analyse der Gedächtnistätigkeit und des Vorstellungsverlaufs, III. Teil, Leipzig 1913, Zeitschr. f. Psychol., Ergänzungsband 8.

Die Konstatierung dieses Faktums mag selbstverständlich klingen. Um so mehr scheint es notwendig, die theoretischen Folgerungen zu ziehen, die in ihm enthalten sind. Nach den Gesetzen der Assoziation müßte ja das Hineinwerfen des Briefes in den ersten Postkasten eine Assoziation zwischen Briefkasten und Hineinwerfen in den Postkasten schaffen, und also die auf Hineinwerfen in den Postkasten hindrängenden früheren Kräfte, seien sie selbst nun assoziativer oder anderer Natur, verstärken. Das bedeutet nicht nur eine Schwierigkeit für die Anschauungen der Assoziationspsychologie, sondern — und das ist für uns hier das wesentliche, — es scheint darüber hinaus in Frage gestellt, ob die *Koppelung* zwischen Gelegenheit und Ausführung (Bezugs- und Zielvorstellung) wirklich den Kern der hier in Frage stehenden Fakten trifft. Denn wenn die Nachwirkung des Vornahmeaktes darin zu suchen ist, daß bei Eintritt der beim Vornahmeakt vorgestellten Gelegenheit eine Tendenz zur Ausführung auftritt, so ist nicht einzusehen, warum nicht bei einer zweiten Gelegenheit sich diese Tendenz im gleichen, ja sogar verstärkten Maße geltend machen soll. (Das tatsächliche Fehlen des Briefes nach dem Einwurf würde sie allerdings nicht voll zur Durchführung kommen lassen: aber die hemmende Wirkung des Mißerfolges könnte sich erst beim dritten Postkasten bemerkbar machen, es sei denn, man griffe zu sehr komplizierten Hilfshypothesen.) Denn auf den Abfall der Vornahmenachwirkung mit der Zeit, kann man sich hier um so weniger berufen, als ein wiederholtes Wirksamwerden gleicher Gelegenheiten ohne weiteres eintreten kann, wenn die Vornahme selbst auf eine wiederholte Handlung gegangen ist (wenn man sich etwa vorgenommen hätte, an alle Postkästen einen Zettel zu kleben). Im Falle des Briefeinwurfs scheinen dagegen nach dem ersten Briefeinwurf die auf die Handlung hindrängenden Kräfte plötzlich *erschöpft*. Das spricht dafür, daß die Ursachen auch dieses ersten Geschehens nicht einfach in einer Koppelung zwischen Bezugs- und Zielvorstellung zu suchen sind, die bei Eintritt der Gelegenheit auf die Auswirkung hindrängt.

Auch wenn man den Brief eingeworfen hat, kann es übrigens vorkommen, daß in der Tat auch ein später gesehener Briefkasten nochmals die Tendenz auslöst, den Brief einzustecken, oder wenigstens zu kontrollieren, ob man ihn eingesteckt hat. Das kommt vor allem dann vor, wenn es sich um einen besonders wichtigen Brief handelt, um dessen Beförderung man besorgt ist. Eine Untersuchung dieser Fälle läßt sich auch experimentell in Angriff nehmen. Dabei wird man jedoch folgendes nicht außer acht lassen dürfen: Stellt man einen Versuch im Sinne der sog. „Reaktionsversuche" an und gibt der Versuchsperson (Vp.) etwa die Instruktion: „man werde ein bestimmtes optisches Signal geben, darauf solle sie einen Taster drücken", dann wirkt das Signal nicht wie sonst eine sinnvolle Gelegenheit, die sachlich mit der Handlung zusammenhängt, sondern sie ist eben ein „Signal" und kann die Bedeutung eines „Befehls" bekommen; auf solche Weise kann sie wiederholt wirken. Die Wiederholung des Signals wird dann identisch mit der Verbalinstruktion: „Wiederholen Sie die Aufgabe noch einmal". (So, wie etwa das Hochheben der Hand des Schutzmannes unmittelbare Befehlsbedeutung hat.) Wir kommen auf derartige Fälle später zurück. Gibt man der Vp. die Aufgabe, einen Rahmen mit Nägeln zusammenzuzimmern, und wählt man eine Gelegenheit, die im Handlungsganzen sinnvoll die Bedeutung einer Gelegenheit und nicht eines Befehls hat, beim Rahmenzimmern z. B. das Hinbringen eines Kästchens von Nägeln durch Herrn X., so bleibt eine Wiederholungstendenz der erledigten Aufgaben in der Tat typisch aus, auch wenn diese Gelegenheit wiederholt wird, also Herr X. noch einmal mit einem Nagelkästchen hereinkommt.

2. Die Wirkung der Vornahme bei nicht vorherbestimmten Gelegenheiten und Ausführungen, sowie beim Ausbleiben von Gelegenheiten.

Als Grundtypus der Vornahmehandlung pflegt man den Fall anzusetzen, wo beim Vornahmeakt eine *ganz bestimmte Gelegenheit* und eine *bestimmte Ausführungshandlung* festgelegt wird. Dabei denkt man etwa an Vorgänge von der Art der „Reaktionsversuche", von denen die experimentelle Untersuchung der Willensvorgänge ihren Ausgang genommen hat. Die „Bezugsvorstellung" besteht z. B. in einem bestimmten optischen Signal, die „Zielvorstellung" in dem Herunterdrücken eines Tasters.

Keineswegs jedoch enthält jeder Vornahmeakt bereits eine so spezielle Festsetzung über die Gelegenheit und die Art der Ausführungshandlung.

Zunächst *kann die eigentliche Ausführungshandlung weitgehend unbestimmt bleiben.* Man kann sich z. B. vornehmen, jemand zu einer bestimmten Tat zu überreden. Welche Worte man dabei sprechen, welche Argumente man benutzen wird, ja, ob man vielleicht zunächst überhaupt nur mit dem Betreffenden spazierengehen, sich anfreunden, aber noch gar nicht über die Sache selbst reden wird usw., das alles kann im Vornahmeakt selbst offen bleiben. Die Vornahme, einem geworfenen Ball auszuweichen, *kann* schon enthalten, daß man nach links ausweichen will. Sie kann aber auch ganz offen lassen, ob man nach rechts oder links gehen, ob man hochspringen oder sich ducken wird.

Derartige allgemein gehaltene Vornahmen bilden die Regel und sie sind nicht etwa unwirksamer als die spezialisierenden Vornahmen. Es ist im Gegenteil meist viel zweckmäßiger, die besondere Ausführungsart aus dem Ganzen der speziellen *konkreten Ausführungssituation* erwachsen zu lassen, als die Handlung (etwa die Art des Ausweichens, die Form des Gespräches) von vornherein möglichst eindeutig festzulegen.

Ähnlich steht es mit der präzisen Festlegung der *Gelegenheit* im Akt der Vornahme selbst. Gerade die für das Leben wichtigsten und weitreichendsten Vornahmen, wie etwa der Entschluß, dem und dem Berufsziel nachzugehen, der Entschluß eines Kindes, artig sein zu wollen, zeigen typisch eine außerordentliche Unbestimmtheit in diesem Punkte. Was für Handlungen im einzelnen auszuführen und bei welchen Gelegenheiten sie auszuführen sind, bleibt weitgehend offen. Ja, aus *ein und derselben Vornahme* können je nach den Umständen *ganz entgegengesetzte Handlungen* erwachsen. Das eine Mal ist ein Tun, das andere Mal eine Unterlassung das „artigere" Verhalten.

Aber selbst wenn eine bestimmte Gelegenheit und Ausführungshandlung im Vornahmeakt vorausbestimmt wird, zeigt sich häufig das erstaunliche Phänomen, daß die Vornahmenachwirkung plötzlich auf *andere als die im Vornahmeakt vorgestellten Gelegenheiten anspricht und andere als die vorgestellten Ausführungshandlungen veranlaßt*. Wo zwischen Gelegenheit (Bezugsvorstellung) und Ausführungshandlung (Zielvorstellung) kein sinnvoller, sachlicher Zusammenhang besteht, wie etwa bei den sog. Reaktionsversuchen, tritt das im allgemeinen nur wenig zutage[1]). Wo jedoch, wie in den meisten Fällen des täglichen Lebens, die im Vornahmeakt vorgestellte Gelegenheit mit der Ausführungshandlung *sachlich* zusammenhängt, tritt eine solche Erscheinung häufig ein.

Man hat sich etwa vorgenommen, sobald man abends nach Hause kommen wird, eine Postkarte an einen Bekannten zu schreiben. Nachmittags kommt man an einen Ort, wo ein Fernsprecher zur Verfügung steht; er erinnert einen daran, daß man den Bekannten benachrichtigen wollte, und man benutzt ihn dazu. Oder: ich nehme mir vor, einen Brief beim Fortgehen in den Briefkasten zu werfen. Ein Freund besucht mich, ich bitte ihn, den Brief zu besorgen.

An einem solchen Sachverhalte scheinen mir zwei Punkte wesentlich. Einmal hat ein durchaus anderes Erlebnis (das Sehen des Fernsprechers) als die im Vornahmeakt festgestellte Gelegenheit (das Nachhausekommen) die von der Vornahme ausgehenden bzw. mit ihr zusammenhängenden Kräfte aktualisiert. Es hat also ähnlich gewirkt wie der Eintritt der vorgestellten Gelegenheit selbst: eine Ausführungshandlung wurde veranlaßt, allerdings eine *andere* als die im Vornahmeakt vorgestellte Ausführungshandlung. Es ist eine Handlung, die, vom Vornahmeakt her gesehen, als *Ersatzhandlung*, oder besser als äquivalente, „situationsgemäße" Handlung zu bezeichnen ist.

Um die Anschauung, daß die auf die Vornahmehandlung hinstrebenden Kräfte auf eine *Koppelung* der Vorstellung der Gelegenheit und der Ausführung beim Vornahmeakt zurückzuführen sind und durch das Auftreten der vorgestellten Gelegenheit aktualisiert werden, trotzdem aufrechtzuerhalten, könnte man versuchen, das Wirksamwerden der *„Ersatzgelegenheit"* und das Auftreten der Ersatzhandlung dadurch zu erklären, daß man sie als andere Unterfälle derselben „Allgemeinvorstellung" ansieht, der auch die im Vornahmeakt selbst festgelegten Gelegenheiten und Ausführungshandlungen angehören. Die Denkpsychologie hat jedoch gezeigt, daß eine derartige Theorie der Allgemein-

---

[1]) Zur Frage der Breite und Verschiebbarkeit solcher Aktualisierungsreize vgl. *Lewin*, Das Problem der Willensmessung und das Grundgesetz der Assoziation. Psychol. Fo. 2, S. 90.

vorstellung mit den konkreten psychischen Fakten in Widerspruch gerät[1]).

Vor allem aber scheint mir, wenn man vom Begriff der Koppelung ausgeht, unverständlich zu bleiben, warum im allgemeinen nach derartigen *Ersatzhandlungen* das spätere wirkliche Auftreten der im Vornahmeakt *vorgestellten Gelegenheit keine Tendenz mehr* zur Ausführung der vorgenommenen Handlung *auslöst*. Warum wirkt der Briefkasten, an dem man nach der Vornahme, einen Brief in den Briefkasten zu werfen, vorbeigeht, nicht mehr wie sonst als Aufforderung, wenn man den Brief zuvor dem Freunde mitgegeben hat, während hundert andere Zwischenhandlungen die Nachwirkung der Vornahme nicht zerstören? Zweifellos ist es einer der hervorstechendsten Sachverhalte bei der Nachwirkung des Vornahmeaktes, daß seine Wirkung im allgemeinen aufhört, wenn die vorgenommene Handlung oder auch nur eine äquivalente Handlung ausgeführt ist. Aber gerade er erscheint unverständlich, sobald man die auf die Vornahmehandlung hindrängenden Kräfte als Kräfte auffaßt, die auf Grund einer im Vornahmeakt vollzogenen Koppelung assoziativer oder nichtassoziativer Natur von dem Eintreten der vorgestellten Gelegenheit ausgehen.

Womöglich noch stärker zeigen sich die Schwierigkeiten dieser Auffassung in folgenden Fällen: Man hat sich vorgenommen, einem Bekannten, der einen besuchen will, bei dieser Gelegenheit eine bestimmte Mitteilung zu machen. Der Besuch unterbleibt. In solchen Fällen des *Ausbleibens der vorgestellten Gelegenheit* fällt die Vornahmewirkung nun im allgemeinen nicht einfach fort, sondern man *sucht* von sich aus nach einer neuen Gelegenheit. Hierin zeigt sich unmittelbar, daß ein *Spannungszustand vorhanden ist, der von innen heraus auf Entspannung durch in bestimmter Richtung liegende Handlungen hindrängt.*

Man wende nicht ein, daß in einem solchen Falle die ursprüngliche Vornahme gar nicht auf Mitteilung bei einer bestimmten Gelegenheit, sondern generell auf Mitteilung an den Bekannten gegangen sei. Sicherlich gibt es derartige allgemeinere Vornahmen, aber auch die speziellen kommen zweifellos vor. Vereinzelt führen sie in der Tat dazu, daß beim Ausbleiben der vorgestellten Gelegenheit die Vornahmehandlung in der Tat fortfällt: man „vergißt" dann die vorgenommene Handlung, weil die festgelegte Gelegenheit nicht eintritt. Auf derartige Ausnahmen werden wir später eingehen.

Diese inneren Spannungen können dazu führen, daß die Ausführungshandlung einsetzt, nur weil die festgesetzte Gelegenheit zu lange auf sich warten läßt. Beim Start zum Wettlauf z. B. besteht eine große Tendenz, *vorzeitig loszubrechen*. Ähnliches zeigen die Reaktionsversuche, und auch sonst, etwa im politischen Leben, kann man ein derartiges *voreiliges* Handeln vor Eintritt der vorgenommenen Gelegenheit beobachten.

---

[1]) *Selz*, Gesetze des geordneten Denkverlaufs. Stuttgart 1913.

Alle diese Fälle: die Wirksamkeit von Vornahmen, bei denen die Gelegenheit oder die Ausführungshandlung oder beides unbestimmt geblieben ist; das Wirksamwerden von anderen als den beim Vornahmeakt vorgestellten Gelegenheiten (situationsgemäßen Ersatzgelegenheiten) und das Auftreten von sachlich äquivalenten Handlungen; das Aufsuchen neuer Gelegenheiten beim Ausbleiben der festgelegten Gelegenheit und das voreilige Losbrechen; das Aufhören der Vornahmenachwirkung nach der Erledigung der vorgenommenen Handlung oder der Ersatzhandlung; alle diese Fälle weisen darauf hin, daß die *Ursachen der Vornahmehandlung nicht hinreichend charakterisiert sind*, wenn man sie als Kräfte auffaßt, die beim Eintritt bestimmter Gelegenheiten auf bestimmte Handlungen hindrängen, die mit ihnen im Vornahmeakt vorstellungsmäßig *gekoppelt* worden sind.

3. Die Wiederaufnahme einer unterbrochenen Handlung.

In den gleichen Zusammenhang gehört schließlich eine Gruppe von Fällen, auf die ich etwas ausführlicher eingehen möchte[1]).

Die Ausführung einer vorgenommenen Handlung werde während der Ausführung unterbrochen. Ist die Koppelung zwischen Gelegenheit und Ausführung das Entscheidende, so dürfte sich ohne nochmaligen Eintritt der Gelegenheit nichts weiter ereignen, sofern nicht durch die begonnene Ausführungshandlung selbst weitere Kräfte erzeugt würden. Die Anordnung gestattet ferner den Vergleich mit den Fällen, wo die Vornahmenachwirkung nach dem Ansprechen auf die erste Gelegenheit erschöpft ist. Ich beschränke mich auf die Erwähnung einiger Ergebnisse *Ovsiankinas*, die für unseren Zusammenhang wesentlich sind.

Die Handlungen, die das Experiment verwendete, waren im allgemeinen *nicht* besonders *interessant*. Es war z. B. aus bunten Bausteinen eine Figur nachzulegen, ein Korrelationsschema für Rangplatzverschiebungen nachzuzeichnen, eine Perlenkette aufzuziehen, ein Tier aus Plastelin zu kneten und ähnliches.

Im Augenblick der Unterbrechung der ersten Handlung ist zunächst eine sehr starke *akute* Wirkung zu beobachten. Die Vp. *wehrt* sich gegen das Unterbrochenwerden, und zwar auch bei gar nicht besonders angenehmen Handlungen. Dies Sichwehren nimmt mitunter recht *hartnäckige* Formen an. Die gegen das Abbrechen gerichteten Kräfte hängen u. a. anscheinend mit dem Handlungsgeschehen als solchem, seiner Struktur und seinen Ganzheitsbezügen eng zusammen.

In unserem Zusammenhang ist folgende Frage von besonderem Interesse: Was geschieht, wenn sich die Vp. schließlich instruktionsgemäß der die erste Handlung unterbrechenden *zweiten* Handlung zu-

---

[1]) Diese Prozesse sind von Fräulein *Ovsiankina* im Berliner Psychol. Institut einer genauen Analyse unterzogen worden.

gewendet hat und diese auch *beendet* hat? Es ergibt sich, kurz gesagt, eine außerordentlich *starke Tendenz zur Wiederaufnahme der ersten Handlung.*

Die Versuche benutzen zwei Typen von Unterbrechungen. Die einen sind *Zufallsunterbrechungen:* das Licht geht scheinbar durch eine Störung aus; dem Versuchsleiter fällt eine Schachtel voll kleiner Gegenstände herunter, und die höfliche Vp. hilft beim Aufheben u. ä. m. Die zweite Art der Unterbrechung geschieht durch die direkte Instruktion zu einer *anderweitigen Handlung.*

Obschon die Zufallsunterbrechungen sich bis zu 20 Minuten ausdehnten, haben sie ausnahmslos zur Wiederaufnahme der ersten Handlung geführt. Auch bei der Unterbrechung durch anderweitige Aufgaben ist eine sehr häufige Wiederaufnahme zu beobachten, mitunter selbst nach Zwischenzeiten bis zu einer Stunde. Dabei weiß die Vp., daß nicht etwa der Versuchsleiter die Wiederaufnahme verlangt; ja z. T. wurde die Wiederaufnahme vom Versuchsleiter direkt *verboten.*

Von besonderem Interesse ist für uns der *Akt der Wiederaufnahme.* Die Wiederaufnahmetendenz wird verstärkt, sobald die Vp. das Material der unvollendeten ersten Handlung zu Gesicht bekommt, also z. B. das Stück Papier, auf dem sie eine Zeichnung begonnen hat. *Aber auch dann, wenn dieser äußere Anreiz fehlt, zeigt sich eine starke Tendenz zur Wiederaufnahme.* Die Beobachtung des Verhaltens der Vp. und die Selbstbeobachtung ergeben: Auch wenn die Vp. während der Unterbrechungshandlung nicht an die erste Aufgabe gedacht hat, tritt meist wenige Sekunden nach Abschluß der Unterbrechungshandlung ein Drang auf, die erste Handlung wieder aufzunehmen, zunächst nicht selten in der unbestimmten Form, daß man „noch irgend etwas erledigen" möchte, ohne daß man schon weiß, was.

Es handelt sich hier meist nicht um eine *Persistenz* einer Tätigkeit (*Lewin*, a. a. O.), wie sie etwa bei fortlaufendem Reimen mit sinnlosen Silben auftritt, sondern um eine Tendenz, die in der Regel typisch auf Beendigung der Handlung oder auf einen äquivalenten Effekt des inneren Spannungsausgleichs hindrängt. Die Wiederaufnahmetendenz bleibt dementsprechend ungleich häufiger aus, wenn die erste Handlung nicht eine End-, sondern eine fortlaufende Handlung[1]) ist.

Auf die weiteren Ergebnisse sowie die möglichen Einwendungen einzugehen, ist hier nicht der Ort. Nur auf einen Punkt sei noch hingewiesen. Die Stärke der Wiederaufnahmetendenz hängt nicht unmittelbar von der Intensität der vorausgegangenen Willensakte ab[2]),

---

[1]) Vgl. S. 14.

[2]) Das stimmt mit den Ergebnissen einer ganzen Reihe von Untersuchungen überein: *Lindworsky*, a. a. O. — *Lewin*, Die psychische Tätigkeit bei der Hemmung von Willensvorgängen und das Grundgesetz der Assoziation. Zeitschr. f. Psy. **77**, 236. 1917. — *Boumann, L.*, Experimentelle Untersuchungen über den Willen bei Normalen u. Psychopathen, Psychiatr. en Neurol. Bladen, **5** u. **6**. 1919. — *Sigmar*, Über die Hemmung bei der Realisation eines Willensaktes. Arch. f. d. ges. Psychol. **52**. 1925.

wohl aber von der *inneren Stellung der Vp. zur Handlung.* Versuchspersonen, die *„reine Versuchspersonen"* sind, derart, daß sie einfach „alles tun, was der Versuchsleiter will", die also sozusagen ihren eigenen Willen an den Versuchsleiter abgetreten haben, zeigen die Wiederaufnahmetendenz nicht oder nur schwach. Die Vp. muß also wirklich diese spezielle Handlung durchführen wollen.

Dabei ist es wichtig, welche *zentraleren Willensziele* die Vp. veranlassen, die Instruktion des Versuchsleiters anzunehmen. Bittet etwa der Versuchsleiter die Vp. um eine bestimmte Arbeit, weil er sie für andere Versuche brauche, so übernimmt die Vp. eine solche Arbeit ja nicht als „Vp.", sondern als jemand, der dem Versuchsleiter gefällig sein will, also sozusagen als Studienkollege oder Gesellschaftsmensch. Die betreffende Handlung ist dann eine „ernsthafte" Handlung. In solchen Fällen ist die Tendenz zur Wiederaufnahme wesentlich stärker, als wenn es sich um eine bloße „Versuchshandlung" handelt.

Wie stehen also vor folgendem Faktum: Es zeigt sich eine Kraft, die auch nach relativ lange dauernder Unterbrechung auf die Beendigung einer unterbrochenen Handlung hindrängt. Ihr Auftreten ist nicht an das Vorhandensein eines äußeren Anreizes zur Wiederaufnahme nach der Unterbrechung gebunden, sondern die Wiederaufnahme erfolgt häufig spontan von innen heraus.

Weitere Beispiele:

Sind in einer Sitzung bestimmte Fragen zur Sprache gebracht, aber noch nicht erledigt worden, so geht die Beschäftigung mit ihnen weiter, und es kann zu langen inneren Zwiegesprächen über diese Punkte kommen. Das trifft vor allem dann zu, wenn es sich um Fragen handelt, die persönlich stärker berühren.

Man hat einem Schulkind bei der Lösung einer mathematischen Aufgabe helfen wollen, hat jedoch schon vor der Lösung aus irgendeinem Grunde aufhören müssen. Dann kann einem die Aufgabe, auch wenn sie an sich uninteressant ist, noch nach langer Zeit immer wieder auftauchen.

Man ist in das Lesen irgendeines dummen Zeitungsromans hineingerutscht und hat den Schluß nicht gelesen. Das kann einem jahrelang nachgehen.

Wichtig ist der experimentelle Befund, daß das „Interesse" nicht als die entscheidende Bedingung angesehen werden kann.

Schließlich ist auf gewisse theoretisch wichtige Fälle hinzuweisen, wo ein bestimmter sachlicher Zusammenhang zwischen der ursprünglichen Handlung und der Unterbrechungshandlung dazu führt, daß die *Wiederaufnahmetendenz fortbleibt.* Ein Kind wird beim Erzählen einer Geschichte unterbrochen durch die Aufgabe, eine Szene aus dem Inhalt der Geschichte zu zeichnen. Die Wiederaufnahme bleibt aus; offensichtlich deshalb, weil durch das Zeichnen die vorausgegangene Handlung des Erzählens irgendwie zum Abschluß gebracht ist, weil — wie man auch sagen kann — hier eine Art *Ersatzerledigung* vorliegt. Solche Fälle scheinen mir besonders aufschlußreich für die Natur jener Kräfte zu sein, die bei der Durchführung einer Vornahme wirksam sind. Auch in den oben genannten wirklichen Wiederaufnahmen braucht das Wiederaufnahmegeschehen nicht in dem fehlenden Stück der ursprünglichen Handlung zu bestehen, sondern es kann eine anders strukturierte Handlung in der Richtung „auf" das Ziel oder bisweilen auch nur ein spielerisches Hantieren mit den betreffenden Materialien auftreten.

4. Das Vergessen des Vorsatzes.

Ein naheliegender, in gewissem Sinne direkterer Weg zum Studium der Nachwirkung des Vorsatzes ist die Untersuchung des Vergessens von Vorsätzen.

Man muß sorgfältig *zwei Begriffe von Vergessen* unterscheiden. Der eine betrifft das, was man im allgemeinen unter *Gedächtnis* versteht: die Fähigkeit, ein Wissen, das einmal zu Gebote gestanden hat, später reproduzieren zu können. Auch die Fähigkeit, eine früher gekonnte Handlung später wieder ausführen zu können, wollen wir in diesem Zusammenhang zu den Vorgängen der Reproduktion zählen [obschon es sich an und für sich dabei zum Teil um etwas wesentlich anderes handelt[1])].

Der zweite Begriff des Vergessens betrifft das *Nichtausführen eines Vorsatzes*. In diesem Zusammenhang spricht man im täglichen Leben häufig von „*Vergeßlichkeit*". Es ist ohne weiteres klar, daß man in der Regel auch dann, wenn man die Ausführung einer Vornahmehandlung vergessen hat, ohne weiteres fähig ist, den Inhalt der Vornahme zu reproduzieren. Das Wissen um den Vornahmeakt im Sinne des Gedächtnisses war also noch vorhanden. Ein gutes Gedächtnis, im Sinne einer ausgeprägten Fähigkeit, Wissen oder Handlungen reproduzieren zu können, geht denn auch keineswegs immer Hand in Hand mit der Tugend, vorgenommene Handlungen nicht „aus Vergeßlichkeit" zu unterlassen. (Allerdings mögen hier gewisse Zusammenhänge bestehen.)

(*Giese* hat eine schlechte Übereinstimmung zwischen Praxis und Prüfung auf dem Gebiete des Gedächtnisses konstatiert[2]). Das mag daran liegen, daß die industrielle Praxis unter „Vergeßlichkeit" häufig die Vergeßlichkeit für Aufträge versteht, also ein Faktum, das wesentlich nicht gedächtnis- sondern willenspsychologischer Natur ist.)

Übrigens wird man noch einen *dritten* Begriff von Vergessen nicht außer acht lassen dürfen, der soviel besagt, wie: Unannehmlichkeiten, die man einer bestimmten Person zu verdanken hat, dieser nicht mehr nachtragen; vergeben und vergessen. Dieses in höherem oder geringerem Grade „*Nachtragendsein*" ist besonders in affekt-, aber auch willenspsychologischen Zusammenhängen von Wichtigkeit, ohne mit den anderen beiden Begriffen zusammenzufallen. Jemand kann ein schlechtes Gedächtnis haben, sehr vergeßlich und doch außerordentlich nachtragend sein.

---

[1]) *Lewin*, Das Problem der Willensmessung und das Grundgesetz der Assoziation. II. Psychol. Forsch. 2, 125f.

[2]) Vortrag auf d. Kongr. f. ang. Psy. 1924.

Für uns handelt es sich also um den zweiten Begriff des Vergessens, um das *unbeabsichtigte Nichtausführen eines Vorsatzes.*

Wir wollen ferner von den Fällen absehen, wo das Vergessen der Vornahmen darauf zurückzuführen ist, daß die betreffende Person im entscheidenden Moment anderweitig stark in Anspruch genommen ist. Denn gerade die anderen Fälle müssen einen unmittelbaren Einblick in die Umstände gewähren, unter denen die Nachwirkung der Vornahme versagt.

Wie erwähnt, hat man keineswegs den Eindruck, die Vornahmenachwirkung werde gleichmäßig mit der Zeit schwächer. *Man wird überhaupt den Zeitablauf als solchen in der Psychologie ebensowenig als Ursache eines realen Geschehens ansetzen dürfen wie in der Physik.* Wo sich ein allmählicher Zeitabfall bemerkbar macht, mag man ihn allenfalls auf die normalen Lebensprozesse zurückführen. Aber auch dann wird immer noch die Frage berechtigt und notwendig bleiben, was denn innerhalb des umfassenden Lebensprozesses die *konkrete Ursache*, z. B. für das Vergessen einer bestimmten Vornahme bildet.

Bei einer experimentellen Untersuchung der Frage des Vergessens von Vornahmen[1]) sollte die Vp. eine Reihe von Aufgaben lösen und dabei am Schlusse jeder Aufgabe (resp. in einem anderen bestimmten Stadium) als Unterschrift ihren Namen und das Datum auf dem benutzten Blatte notieren. Jedes Blatt wurde nach beendeter Aufgabe dem Versuchsleiter gegeben.

Es zeigte sich folgendes:

1. Eine Vornahme steht im allgemeinen nicht als ein isoliertes Faktum in der Seele, sondern sie zeigt eine *Zugehörigkeit zu einem bestimmten Handlungsganzen*, zu einer bestimmten *Persönlichkeitssphäre*. So pflegt die Unterschrift nicht in die „sachliche Arbeit" der eigentlichen Aufgabe, sondern in die Sphäre des „Persönlichen" eingebettet zu sein, die bei der Handlung des „Abgebens der Arbeit" an den Vl. anklingt.

Der Übergang von der Handlungssphäre, in die eine Vornahme *eingebettet* ist, zu einer anderen, kann daher das Vergessen der Vornahme mit sich bringen. Als Beispiel aus den Versuchen sei folgendes erwähnt. Die Unterschrift wird häufig vergessen, wenn nach sechs *gleichartigen* Handlungen als siebente eine andersartige Handlung auszuführen ist.

Als Abschließung dieses Bereichs der Vornahmewirkung genügt unter Umständen das Einfügen einer *Pause* von ein paar Minuten. Nach der Pause wird die Unterschrift häufig vergessen. Daß hier nicht etwa ein einfacher Zeitabfall der Nachwirkung der Vornahme vorliegt, ergibt sich daraus, daß die Unterschrift auch ohne Erneuerung der Vornahme nicht vergessen zu werden pflegt, wenn die Vp. ohne Pausen immer

---

[1]) Die Versuche wurden von Frau *Birenbaum* im Berliner Psychol. Institut angestellt.

neue Handlungen auszuführen hat; ferner daraus, daß die Unterschrift im allgemeinen auch dann vollzogen wird, wenn die „Pause" nicht fünf Minuten, sondern einen ganzen Tag dauert.

[Dieser zunächst paradox anmutende Sachverhalt hat anscheinend folgenden Grund: Für die fortlaufende Reihe der Versuche bedeutet die Pause von 5 Minuten eine beträchtliche Zäsur, und die Vp. tritt danach wie in eine neue Sphäre, für die die früheren Vornahmen nicht oder nur abgeschwächt gelten. Wenn man dagegen die 2. Gruppe von Versuchen einen ganzen Tag später anstellt, so hat die Wiederaufnahme der Versuche für die Vp. den Charakter einer „Wiederaufnahme der gestrigen Versuche" und nicht, wie im ersten Falle, den Charakter des „Fortschreitens zu neuen Versuchen"; daher pflegt die Vp. sich ohne weiteres in die gleiche innere Situation zu begeben. (In der Tat ist es auch bei anderen Versuchen im allgemeinen nicht nötig, die Versuchsinstruktionen am zweiten Tage zu wiederholen: mit dem inneren Sichbereitmachen zum Versuch pflegt die Vp. auch ohne weiteres die frühere Instruktion wieder auf sich zu nehmen.)]

Solche eingebetteten Vornahmen werden nicht vergessen, wenn die *zugehörige Handlungssphäre lebendig* ist, aber auch nur dann nicht.

Auch im täglichen Leben ist das Vergessen einer Vornahme oder richtiger das Nichtansprechen einer Vornahme auf die im Vornahmeakt vorgestellte oder sonst brauchbare Gelegenheit häufig dann zu beobachten, wenn diese Gelegenheit in einer Situation oder einem Moment auftritt, wo jener spezielle seelische Komplex, in den die Vornahme eingebettet ist, nicht lebendig ist. Gerade die häufigsten Fälle des Vergessens, die man darauf zurückzuführen pflegt, daß man „anderweitig zu sehr in Anspruch genommen sei," sind wahrscheinlich nicht einfach so aufzufassen, daß die *Intensität der anderen Erlebnisse* allein die Schuld trägt. Handelt es sich um intensive Erlebnisse, die zum *gleichen* seelischen Komplex gehören, so kann sogar das Nichtvergessen begünstigt sein. Andererseits kann ein Vergessen auch ohne intensive Beschäftigung eintreten, wenn die momentan herrschende seelische Sphäre nur weit genug abliegt. Daneben allerdings scheint auch der reine Intensitätsfaktor eine gewisse Bedeutung zu haben.

2. Auch für die Frage des Vergessens ist die *Gelegenheit* von wesentlicher Bedeutung. So vergißt die Vp. die Namensunterschrift mit außerordentlicher Regelmäßigkeit, wenn sie ihre Aufgabe plötzlich auf einem größeren oder andersfarbigen Papier erfüllen soll. Offensichtlich erinnert das Papier die Vp. von sich aus an die Vornahme, ähnlich wie der Briefkasten an den einzuwerfenden Brief (oder der ins Taschentuch gemachte Knoten an etwas, was man nicht vergessen soll). Es besitzt das, was ich einen *Aufforderungscharakter* nennen möchte. Wir haben oben Fälle besprochen, wo auch bei ganz speziellen Vornahmen eine

ganze Reihe verschiedenartiger Ereignisse oder Dinge Aufforderungscharakter besitzen (Briefkasten — Freund). Der Aufforderungscharakter kann jedoch, wie das Beispiel des Papierblattes zeigt, an eine sehr spezielle Art von Gegenständen „fixiert" sein.

Ich muß mich damit begnügen, auf die Bedeutung des Eingebettetseins einer Vornahme in einer Handlungsganzheit oder bestimmten Persönlichkeitssphäre und auf die Bedeutung der Gelegenheit für das Vergessen lediglich hinzuweisen und möchte auf einen dritten Faktor etwas ausführlicher eingehen.

3. Bei den erwähnten Versuchen bestand eine Aufgabe im Zeichnen des eigenen Monogramms. Mit großer Regelmäßigkeit vergessen die Vpn. bei diesem Blatt, ihre Namen zu unterschreiben. Wenn man von Assoziationsbegriffen ausgeht, könnte man im Gegenteil erwarten, daß bei der starken Verbindung von Monogramm und Namensunterschrift die Vornahme zur Namensunterschrift bei dieser Aufgabe besonders selten vergessen wird.

Die genauere Analyse ergibt, daß hier eine Art *Ersatzerledigung* vorliegt. Bei direkter Überlegung konnte die Vp. der ganzen Situation nach allerdings kaum annehmen, daß das Monogramm faktisch die Zugehörigkeit der Arbeit zu einer bestimmten Vp. für den Versuchsleiter genügend kennzeichnet. Und die Namensunterschrift wird denn in der Tat ohne besondere Überlegung einfach „vergessen". Das Bedürfnis zur Namensunterschrift, das durch den Vornahmeakt gesetzt ist, wird durch diese Monogrammunterschrift anscheinend irgendwie befriedigt (allerdings spielen dabei noch andere Faktoren eine Rolle); und es ist bezeichnend, daß das Monogrammschreiben nicht mehr als Ersatzerledigung wirkt, wenn das Monogramm nicht eigentlich als „eigenes Monogramm", sondern als „kunstgewerbliche Aufgabe" ausgeführt wird.

Achtet man auf Fälle von Vergessen im täglichen Leben, so findet man gar nicht selten derartige Ersatzerledigungen oder auch *Teilerledigungen* (vgl. S. 72) als Ursachen. Ich führe zwei tatsächlich vorgekommene Fälle als Beispiel an: ein Herr muß sich einen Kragenknopf kaufen. Er vergißt es immer wieder. Einmal macht er eigens zu diesem Zwecke einen Umweg und geht durch eine Straße, wo es die fraglichen Geschäfte bestimmt gibt. Er ist befriedigt und froh in dem Gefühl, „die Besorgung nicht vergessen zu haben", kommt in die Bibliothek und merkt da, daß er den Knopf doch nicht gekauft hat.

Eine Lehrerin hat sich vorgenommen, ihre Schülerin, der sie Privatstunden gibt, nach einer bestimmten Angelegenheit zu fragen. Ungefähr in der Mitte der Unterrichtsstunde erinnert sie sich daran und freut sich, „daß es ihr rechtzeitig eingefallen ist". Schließlich geht sie nach Hause, ohne die Vornahme ausgeführt zu haben. (Bei diesen Fällen, wie überhaupt bei Fällen aus dem täglichen Leben besteht natürlich kein eindeutiger Beweis dafür, daß wirklich das Gehen durch die betreffende Straße resp. das bloße Sich-erinnern als Ersatzerledigung die Ursache des Vergessens war.)

Man kann häufig die Beobachtung machen, daß sogar das *schriftliche Notieren* einer Vornahme, die, in bezug auf die Assoziation zwischen Bezugs- und Zielvorstellung eher eine Verstärkung bedeuten müßte, leicht zum Vergessen der Vornahme führt: das Notieren wirkt bereits irgendwie als Erledigung: als Entspannung. Man verläßt sich darauf, daß die Notiz einen rechtzeitig erinnern wird und *schwächt* damit das *innere Bedürfnis zum Nichtvergessen*. Der Fall liegt also ähnlich wie dort, wo bereits das Einfallen der Tatsache, daß man die Schülerin nach etwas fragen will, derart als Erfüllung wirkt, daß man das tatsächliche Fragen unterläßt.

Daneben gibt es wiederum Fälle, wo das Notieren, auch wenn man die Notiz nicht wieder zu Gesicht bekommt, das Behalten sehr begünstigt. Das kann z. B. daran liegen, daß die beabsichtigte Handlung durch das Notieren in Verbindung mit einer bestimmten Persönlichkeitssphäre (etwa der Sphäre des Berufs) oder der besonderen Art des Lebens (Ordentlichkeit) getreten ist, derart, daß nunmehr die Gesamtenergie dieser Sphäre bei der Durchführung mitspielt.

4. Wo keine Ersatzerledigung vorliegt, ist das Vergessen nicht selten auf das Vorhandensein von natürlichen *Gegenbedürfnissen* zurückzuführen. Auch die wiederholte Vornahme, einen unangenehmen Brief zu schreiben, bleibt häufig ohne Wirkung: immer dann, wenn man eigentlich Zeit hätte, den Brief zu schreiben, vergißt man daran. Auf diese geheimen Widerstände hat *Freud* aufmerksam gemacht. Wenn man auch keineswegs alles Vergessen auf das Vorhandensein solcher natürlichen Bedürfnisse zurückführen darf (noch weniger handelt es sich dabei immer um sexuelle Bedürfnisse), so ist jedenfalls für das Problem der Nachwirkung der Vornahme folgendes von zentraler Wichtigkeit: *Die Nachwirkung einer Vornahme erweist sich hier als eine Kraft, die mit Bedürfnissen in Kollision geraten und durch sie unwirksam gemacht werden kann.*

Auf den positiven Zusammenhang der Wirkung der Vornahme mit den eigentlichen Bedürfnissen, aus denen die Vornahme selbst geflossen ist, hatten wir bereits oben hingewiesen (vgl. das Wiederaufnehmen bei „ernsthaften" Handlungen). Auch das Vergessen tritt sehr verschieden leicht auf, je nach der Stärke des echten Bedürfnisses, das zur Durchführung der Vornahme drängt. Die Unterschrift des Namens wurde bei Massenversuchen ungleich seltener vergessen als bei Versuchen mit einzelnen Vpn. Das Bedürfnis zum heraushebenden Kennzeichnen der eigenen Arbeit ist (abgesehen von anderen Faktoren) beim Massenversuch eben wesentlich lebendiger.

Von dieser *Fundierung der Vornahme in bestimmten übergreifenden Willenszielen oder natürlichen Bedürfnissen, nicht aber von der Intensität des Vornahmeaktes* hängt es ab, ob die Ausführung sich evtl. gegen Hindernisse durchsetzt oder nicht. Auch bei der Untersuchung des Vergessens hat sich herausgestellt, daß die Vornahmen, bei denen der Vornahmeakt selbst besonders intensiv ist oder gar bis zur Krampfhaftigkeit gesteigert wird, häufig eine deutlich schlechtere Nachwirkung zeigen als die ausgesprochen ruhigen, nicht affektbeladenen Vornahmeakte. Das mag einmal damit zusammenhängen, daß überhaupt affektive oder krampfhafte Handlungen, von gewissen Ausnahmen abgesehen, einen geringeren „Leistungseffekt" haben als ruhige. Speziell beim Vornahmeakt ist ferner folgendes zu berücksichtigen.

Man kann fragen: Unter welchen Umständen kommt es überhaupt zu einem Vornahmeakt, insbesondere zu einem intensiven Vornahmeakt? Eine recht instruktive, wenn auch übertreibende Redensart sagt: „Was man sich vornimmt, vergißt man". D. h. *Vornahmeakte zu fassen hat man nur dann nötig, wenn kein natürliches Bedürfnis zu der betreffenden Handlung besteht* oder gar ein natürliches Gegenbedürfnis vorhanden ist. Geht der Vornahmeakt nicht auf ein echtes Bedürfnis zurück, so verspricht er wenig Erfolg. Gerade dann aber, wenn kein echtes Bedürfnis besteht, pflegt man den Versuch zu machen, ihn durch einen „intensiven Vornahmeakt" zu ersetzen. (In paradoxer Zuspitzung: entweder man hat es nicht nötig, eine besondere Vornahme zu fassen oder sie verspricht wenig Erfolg.)

Wilde (Dorian Gray) sagt kraß: „Gute Vorsätze sind nutzlose Versuche, in Naturgesetze einzugreifen. Ihr Ursprung ist die pure Eitelkeit, ihr Resultat ist absolut null."

II. Theorie der Vornahmehandlung.
1. Die Entstehung eines Quasibedürfnisses als Wirkung des Vornahmeaktes.

Die Versuche über das Vergessen der Vornahme und vor allem die über das Wiederaufnehmen unterbrochener Handlungen erweisen die Vornahme als eine Kraft, deren Wirksamwerden nicht darauf angewiesen ist, daß die im Vornahmeakt vorweg vorgestellte Gelegenheit wirklich eintritt und nunmehr als „Bezugsvorstellung", als äußerer Reiz die Vornahmehandlung nach sich zieht.

Es besteht vielmehr ein innerer in eine bestimmte Richtung gehender Druck, ein innerer Spannungszustand, der auf die Ausführung der Vornahme hindrängt, und zwar auch dann, wenn keine vorausbestimmte Gelegenheit von sich aus zur Handlung auffordert.

Erlebnismäßig am deutlichsten tritt dieser Sachverhalt wohl in jenen Fällen bei der Wiederaufnahme unterbrochener Handlungen zutage, wo nach Beendigung der Unterbrechungshandlung zunächst nur ein ganz allgemeiner Druck auftritt, „daß man noch irgend etwas tun wolle". In diesem Falle, für den auch das tägliche Leben häufig Beispiele liefert, ist also selbst der Inhalt dessen, was man sich vorgenommen hat, noch unklar, und nur die innere Spannung als solche macht sich bemerkbar. Erst in der zweiten Phase wird dann auch das Ziel des Wollens bewußt. Ja, es gibt im täglichen Leben Fälle, wo man sich trotz Suchens nach dem, was man eigentlich wollte, nicht daran zu erinnern vermag. [Solche inhaltlich zunächst unbestimmten Spannungen treten übrigens auch manchmal in Fällen auf, wo die vorausbestimmte Gelegenheit von sich aus an die Vornahmehandlung erinnert[1])]. Jedenfalls aber setzen hier häufig Ausführungshandlungen unter einem inneren Druck ein, ohne daß besondere Gelegenheiten von außen dazu anreizten.

Man könnte darauf hinweisen, daß der Umstand, daß man am Schluß der Unterbrechungshandlung in den oben (S. 49f) angeführten Versuchen nun nichts Bestimmtes mehr zu tun habe, die „eigentliche Gelegenheit" bildet. In der Tat hat der Terminus Gelegenheit bei der Redensart „etwas bei der ersten besten Gelegenheit tun", bisweilen die Bedeutung von „sobald man Zeit hat". Ja, das „Beendigen einer bestimmten Handlung" *kann* sogar den echten Aufforderungscharakter einer Gelegenheit bekommen, z. B. wenn man sich vorgenommen hat, am Schluß einer Handlung etwas Bestimmtes zu tun.

In der Regel jedoch kann man das Nichts-zu-tun-Haben nicht einfach als Gelegenheit mit einem bestimmten Aufforderungscharakter auffassen und z. B. dem Briefkasten beim Einwerfen des Briefes an die Seite stellen. Das momentane Nicht-besonders-in-Anspruch-genommen-Sein macht sich nur dadurch geltend, daß sich gewisse innere zur Motorik drängende Spannungen leichter durchsetzen, sobald die motorische Sphäre nicht anderweitig stark in Anspruch genommen ist. (Anders liegen die Verhältnisse natürlich, wenn richtige Langeweile eintritt.)

Der vom Vornahmeakt her bestehende Spannungszustand braucht sich nicht dauernd durch bewußte Spannungserlebnisse zu manifestieren. In der Regel ist er über große Strecken hin, z. B. während der Unterbrechungshandlung, nur *latent* vorhanden, aber darum nicht minder real. Das hängt mit der psychischen Funktion der Motorik und des Bewußthabens zusammen sowie mit der Sonderung des Seelischen in relativ getrennte Komplexe (vgl. S. 30f.). Mitunter kommt es übrigens auch während der Unterbrechungshandlung zu kurzen, momentanen Durchbrüchen dieses latenten Spannungszustandes ins Bewußtsein in der Form eines erlebnismäßigen Druckes auf die ursprüngliche Handlung hin.

a) Ausbleibende und unvorhergesehene Gelegenheiten.

Die Erkenntnis, daß der Motor der Vornahmehandlung nicht in einem Koppelungsphänomen, sondern in einem inneren Spannungszustand, einem gerichteten inneren Drucke zu suchen ist, bietet einen Zugang zur Erklärung auch der verschiedenen anderen Fälle, die wir eingangs erwähnt haben.

Es wird verständlich, warum beim *Ausbleiben der Gelegenheit* eine andere Gelegenheit aufgesucht wird, resp. warum, wenn die Gelegenheit zu lange auf sich warten läßt und der innere Druck zu groß ist, ein vorzeitiges Losbrechen resultiert.

Auch daß die Vornahme nicht nur auf die im Vornahmeakt vorgestellten Gelegenheiten, sondern evtl. auf durchaus andersartige Dinge

---

[1]) Vgl. *Ach*, Über den Willensakt und das Temperament. Leipzig 1910.

oder Ereignisse anspricht (Briefkasten und Freund, S. 47), wird von hier aus verständlich. Der innere Spannungszustand kommt zum Durchbruch, sobald eine Möglichkeit zur Beseitigung oder wenigstens Milderung der Spannung gegeben erscheint, sobald also eine Situation vorhanden ist, bei der man die Möglichkeit von Handlungen in der Richtung auf das Ziel hin spürt.

b) Das Aufhören der psychischen Kräfte mit der Erledigung resp. Ersatzerledigung.

Auch daß der Aufforderungscharakter der vorgestellten Gelegenheit, z. B. des Briefkastens, in der Regel fortfällt, sobald die vorgenommene Handlung erledigt ist, ergibt sich als Folgerung, sobald man nicht die Koppelung, sondern das Vorhandensein der inneren Spannung als die entscheidende Ursache der Ausführungshandlung ansieht. Das gilt auch für jenen extremen Fall, wo schon die erstmalige Wirkung der vorgestellten Gelegenheit ausbleibt, falls die innere Spannung zuvor auf Grund einer „Ersatzerledigung" ihre Lösung gefunden hat.

Die Kräfte, die bei einem Vornahmeakt resultieren, zeigen somit eine weitgehende Typenverwandtschaft mit jenen seelischen Kräften, die man als *Bedürfnisse* zu bezeichnen pflegt, und die auf Triebe oder auf zentrale Wollungen von der Art etwa des Berufswillens zurückgehen.

c) Die parallelen Erscheinungen bei echten Bedürfnissen und bei Quasibedürfnissen.

1) Echte Bedürfnisse und natürliche Aufforderungscharaktere.

Auch bei den *Triebbedürfnissen*, z. B. beim Hunger, haben wir es mit einer inneren Spannung, einem gerichteten Druck zu tun, der auf gewisse Handlungen, die „Befriedigungshandlungen", hindrängen. Auch bei ihnen spielen andererseits gewisse „Gelegenheiten" eine wesentliche Rolle, auf die sie ansprechen. Auch bei Triebbedürfnissen gibt es gewisse Dinge oder Ereignisse, die anlocken, die *Aufforderungscharakter* besitzen.

Was uns psychologisch als Umwelt gegeben ist, ist nicht eine Summe von optischen, akustischen, taktilen Empfindungen, sondern wir sehen uns Dingen und Ereignissen gegenüber[1]. Die Erkenntnis von diesem Sachverhalt hat sich in der Psychologie allmählich durchgesetzt. Von alters her pflegt man überdies den Dingen und Ereignissen gewisse Gefühlsbetonungen zuzuerkennen, sie sind uns angenehm oder unangenehm, lustvoll oder unlustbetont.

Darüber hinaus wird man jedoch die alte Einsicht betonen müssen, daß die Dinge und Ereignisse der Umwelt sich für uns auch in unserer

---

[1] Vgl. z. B. die ausführliche Darstellung bei *Katz*, Die Erscheinungsweisen der Farben. Zeitschr. f. Psychol., Ergänzungsband 7, 1911.

Eigenschaft als *handelnde* Wesen keineswegs neutral verhalten. Das gilt nicht nur insofern, als ihre Eigennatur uns beim Handeln größere oder geringere Schwierigkeiten macht oder uns begünstigt, sondern viele Dinge und Ereignisse, denen wir begegnen, zeigen uns gegenüber einen mehr oder weniger bestimmten Willen; *sie fordern uns zu bestimmten Handlungen auf.* Das schöne Wetter, eine bestimmte Landschaft locken zum Spazierengehen. Eine Treppenstufe reizt das zweijährige Kind zum Heraufklettern und Herunterspringen; Türen reizen es zum Auf- und Zuschlagen, kleine Krümchen zum Auflesen, ein Hund zum Streicheln; der Baukasten reizt zum Spielen; die Schokolade, das Stück Kuchen will gegessen werden usw. Es ist hier nicht der Ort, auf das Wesen dieser „Dinge und Ereignisse mit Aufforderungscharakter", ihre Arten und Funktionen ausführlich einzugehen; es soll daher nur auf einige Grundeigentümlichkeiten hingewiesen werden[1]). Dabei können wir hier die Frage ganz offen lassen, wie weit Erfahrung und Gewohnheit dabei eine Rolle spielen.

Die *Stärke*, mit der die von einem Dinge oder Ereignisse ausgehende Forderung uns begegnet, ist sehr verschieden. Von der „*unwiderstehlichen Lockung*", der ein Kind oder ein Erwachsener ohne Besinnung nachgibt und der gegenüber eine Beherrschung gar nicht oder nur schwer möglich ist, gibt es alle Übergänge vom „*Befehlscharakter*" bis zu den schwachen Graden des „*Nahelegens*", des Hinziehens, denen man ohne weiteres widerstehen kann und die sich überhaupt nur dann bemerkbar machen, wenn die betreffende Person von sich aus nach Beschäftigung sucht. Der Terminus „Aufforderungscharakter" soll alle diese verschiedenen Grade umfassen.

Man könnte einen *positiven* und einen *negativen* Aufforderungscharakter unterscheiden gemäß dem Umstand, daß uns die einen Dinge anziehen (etwa ein schönes Konzert, ein interessanter Mensch, eine schöne Frau) und uns andere Dinge abstoßen (eine Unannehmlichkeit, eine Gefahr). Diese Einteilung besteht insofern zu Recht, als den Aufforderungscharakteren der ersten Gruppe gemeinsam ist, auf *Annäherung* hinzudrängen, den der zweiten auf *Entfernung* von den in Frage stehenden Dingen und Ereignissen. Aber es wäre falsch, hierin das Wesentliche zu sehen. Es ist vielmehr charakteristisch, daß die Aufforderung auf bestimmte, mehr oder weniger eng umschriebene *Handlungen* hindrängt, und daß diese Handlungen auch innerhalb der Gruppe positiver Aufforderungscharaktere außerordentlich verschieden sein können. Das Buch lockt zum Lesen, der Kuchen zum Essen, der See zum Schwimmen, der Spiegel zum Hineinsehen, die verworrene Situation evtl. zum Dreinschlagen.

---

[1]) Vgl. S. 28.

Der Aufforderungscharakter eines Gebildes pflegt *keineswegs konstant* zu sein, sondern ist nach Art und Grad weitgehend abhängig von der inneren und äußeren Situation, in der sich die betreffende Person befindet. Das Studium dieser Wandlung gibt zugleich näheren Aufschluß über das Wesen des Phänomens der Aufforderungscharaktere.

In gewissen grundlegenden Fällen ist die Bedeutung der Gebilde mit Aufforderungscharakteren durchsichtig genug: Die Dinge, die Aufforderungscharaktere besitzen, sind *direkte Mittel zur Bedürfnisbefriedigung*. (Der Kuchen, das Konzert, sofern man hingeht, um es anzuhören, und nicht, um sich zu zeigen usw.) Man kann hier von *selbständigen Aufforderungscharakteren* sprechen.

Daneben finden sich Aufforderungscharaktere bei Dingen oder Ereignissen, die auf Grund einer bestimmten Situation in gewissen Beziehungen zu solchen direkten Mitteln zur Bedürfnisbefriedigung stehen, z. B. wenn man ihrer Hilfe der Befriedigungsmöglichkeit näherkommt. Sie haben nur eine momentane Bedeutung als Mittel zum Zweck. In anderen Fällen solcher *abgeleiteten Aufforderungscharaktere* handelt es sich um eine raumzeitliche Ausbreitung eines Gebildes mit ursprünglichem Aufforderungscharakter. Die Wohnung, die Straße, ja die Stadt, in der die Geliebte wohnt, kann selbst Aufforderungscharakter bekommen. Die Übergänge zwischen beiden Arten von Aufforderungscharakteren sind naturgemäß fließend, auch der Begriff der Selbständigkeit nur relativ.

Der Aufforderungscharakter kann sich weitgehend ändern, je nach dem *Handlungsganzen*, innerhalb dessen das betreffende Ding oder Ereignis auftritt: Der Spiegel, der eine Vp. eben noch angelockt und sie zum Betrachten ihrer Haarfrisur und ihres Anzuges veranlaßt hat, wird zu einem neutralen „Instrument", sobald die Vp. eine bestimmte Aufgabe bekommt, bei der sie den Spiegel nötig hat[1]). Ähnliche Wandlungen stärkster Art machen die Gegenstände der Landschaft im Krieg beim Gefecht durch[2]).

Neben der Abhängigkeit von dem momentan beherrschenden Handlungsgeschehen kann man an Aufforderungscharakteren folgende Wandlung beobachten: Der Leckerbissen, der noch vor kurzem einen starken Reiz ausgeübt hat, wird neutral, sobald die betreffende Person *gesättigt ist*. Bei *Übersättigung* tritt sogar typisch ein Aufforderungscharakter mit entgegengesetztem Vorzeichen ein: Was noch eben gelockt hat, stößt ab. Eine Übersättigung kann sogar zu einer dauernden Fixierung dieses negativen Aufforderungscharakters führen. (Eine bevorzugte Speise, an der man sich einmal den Magen verdorben hat, wird mitunter Jahre hindurch nicht mehr angerührt.) Jedenfalls ist für derartige Auf-

---
[1]) Das Beispiel entstammt Versuchen von Dr. *Fränkel*.
[2]) *Lewin*, Kriegslandschaft. Zeitschr. f. angew. Psychol. **12**, 440. 1917. Vgl. auch *Giese*, Handbuch d. psychotechn. Eignungsprüfungen. Halle 1925.

forderungscharaktere das rhythmische Auf und Ab gemäß dem periodischen Ansteigen und Abfallen des betreffenden Bedürfnisses typisch.

Bei gewissen Aufforderungscharakteren lassen sich Wandlungen über größere Zeitstrecken hin verfolgen, die z. B. mit der *Entwicklung des Individuums* vom Säugling, Kind, Jugendlichen zum Erwachsenen und Greis hin Hand in Hand gehen. Sie verlaufen entsprechend den Verschiebungen der Bedürfnisse und Interessen und spielen für die Entwicklung eine fundamentale Rolle. Denn die Entwicklung der „Fähigkeiten" eines Individuums im Sinne der Leistungsfähigkeit hängt nicht nur von den „anlagemäßig" gegebenen Möglichkeiten ab, sondern die Entwicklung z. B. des Sprechens oder der intellektuellen Leistungen wird ganz grundlegend davon mitbestimmt, mit welcher Stärke und in welcher Richtung solche „Neigungen" als Motore seelischen Geschehens wirksam sind.

Diese Wandlungen, deren Erforschung[1] noch in den Anfängen steht, scheinen eine gewisse Verwandtschaft mit jenen Wandlungen der Aufforderungscharaktere zu zeigen, die beim Wechsel in den *übergreifenden Willenszielen* eintritt, die ein Individuum beherrschen.

Als Beispiel für ein solches übergreifendes Willensziel kann man den Berufswillen eines Menschen nennen. Mit dem Entschluß zu einem bestimmten Beruf bekommen gewisse bis dahin neutrale Dinge einen positiven oder negativen Aufforderungscharakter[2] und vieles, was zunächst wie eine „natürliche", angeborene Zu- oder Abneigung wirkt — etwa die Vorliebe für eine bestimmte Arbeit, die Tendenz zur Sauberkeit und Genauigkeit oder der Monotoniecharakter einer Arbeit —, läßt sich aus dem Berufsziel des betreffenden Individuums ableiten.

In der Tat ändert sich die Welt für einen Menschen grundlegend, wenn sich seine grundlegenden Willensziele verändern. Das gilt nicht nur für so tiefe Umwälzungen, wie sie der Entschluß mit sich bringt, freiwillig aus dem Leben zu gehen oder seinen Beruf zu wechseln, sondern zeigt sich deutlich schon bei einem nur zeitweiligen Aussetzen der gewöhnlichen Willensziele, wie etwa in den Ferien. Die altgewohnten Dinge können dann plötzlich anders aussehen. Dinge, die hundertmal unbeachtet geblieben sind, werden interessant und wichtige Berufsdinge gleichgültig.

Dieses für den Betreffenden selbst häufig erstaunliche Gleichgültigwerden starker positiver oder negativer Aufforderungscharaktere ist in der Dichtung vor allem mit Bezug auf die erotische Sphäre häufig beschrieben worden. Nicht selten treten derartige Verschiebungen der

---

[1] *Spranger*, Psychologie des Jugendalters, Leipzig 1924. — *Charlotte Bühler*, Das Seelenleben des Jugendlichen. Jena 1922. — *Lau*, Beiträge zur Psychologie der Jugend in der Pubertätszeit. Langensalza 1924.

[2] Vgl. *Lau*, a. a. O.

Aufforderungscharaktere gerade als *erste* Anzeichen einer Veränderung der inneren Situation zutage, also bevor man noch die innere Wandlung der eigenen Neigungen selbst bemerkt hat. Man kann ferner das Eintreten oder Ausbleiben der Wandlung der Aufforderungscharaktere häufig geradezu als Kriterium dafür benutzen, ob ein Entschluß, z. B. ein „neues Leben auf irgendeinem Gebiete anzufangen", nicht nur scheinbar, sondern *wirklich* innerlich vollzogen worden ist (daß er also nicht nur erlebnismäßig eingetreten, sondern auch als dynamisches Faktum psychisch wirksam geworden ist). Besonders weitreichende und z. T. sehr abrupt stattfindende Wandlungen dieser Art zeigen sich bei Bekehrungen. („Verfolge, was du angebetet hast, und bete an, was du verfolgt hast.")

Die Art der Abhängigkeit der Aufforderungscharaktere von solchem übergreifenden Willensziel ist also im Grunde von der gleichen Struktur wie bei dem weniger umfassenden Ziel einer einzelnen Handlung.

Aus diesen kurzen Bemerkungen mag jedenfalls soviel deutlich werden: Die natürlichen Aufforderungscharaktere stehen in engster Beziehung zu bestimmten Neigungen und Bedürfnissen, die z. T. auf sog. „Triebe", z. T. auf mehr oder weniger umfassende zentrale Willensziele zurückgehen. Ja, *bis zu einem gewissen Grade sind die Aussagen: „das und das Bedürfnis besteht" und „der und der Bereich von Gebilden besitzt einen Aufforderungscharakter zu den und den Handlungen", äquivalent.* Entspricht doch der Wandlung der Bedürfnisse allemal eine Wandlung von Aufforderungscharakteren.

2) Die Auswirkung der Quasibedürfnisse und der echten Bedürfnisse.

Die Beziehung zwischen den echten Bedürfnissen und den natürlichen Aufforderungscharakteren ist jedoch keineswegs derart, daß sich einem bestimmten Bedürfnis ein für allemal ganz bestimmte Gebilde mit entsprechendem Aufforderungscharakter fest zuordnen lassen. Es ist gerade für noch junge Bedürfnisse, die noch nicht eine häufige Befriedigung gefunden haben, besonders also bei Bedürfnissen vor ihrer ersten eigentlichen Befriedigung, typisch, daß ein *breiter Umkreis möglicher Aufforderungscharaktere* vorhanden ist. Bei sexuellen und erotischen Neigungen z. B. wird man für die systematische Betrachtung nicht jene Stadien als Grundtyp anzusetzen haben, in denen eine feste Fixation an eine oder wenige bestimmte Personen stattgefunden und sich auch die Art der Befriedigungshandlungen spezialisiert hat, sondern ein Stadium, wo die Neigung ungleich diffuser, der Bereich der Aufforderungscharaktere ungleich weiter und unbestimmter ist[1]). Die geschichtliche Entwicklung allerdings geht nicht immer von einem diffusen zu dem differenzierten und präzisierten Stadium. Vielmehr gibt es auch den

---
[1]) *v. Allesch*, Bericht über die drei ersten Lebensmonate eines Schimpansen. Sitzungsber. d. preuß. Akad. d. Wiss., S. 672f. 1921.

Vorgang der Ausbreitung einer zunächst spezielleren Neigung. Es gibt Fälle, wo z. B. ein 1½jähriges Kind zunächst nur einen bestimmten Uhrkasten „auf- und zuzumachen" liebt und erst allmählich zu dem Auf- und Zumachen der Türen, anderer Kästen und Schubläden übergeht. Auch bei jenen Bedürfnissen, bei denen ein übergreifendes Willensziel vorliegt, z. B. bei einem Berufswillen, gibt es häufig Fälle, wo von einer unbestimmten Phase her erst allmählich eine Spezialisierung und Festigung der Ziele eintritt. (Es *kann* allerdings auch von vornherein ein weitgehend spezialisiertes Ziel vorhanden sein.)

Bei solchen relativ diffusen Trieb- oder zentralen Willensbedürfnissen nun hängt es weitgehend von der *Situation* ab, was als Aufforderungscharakter wirkt und welche Handlungen ausgeführt werden. Das Bedürfnis, „im Berufsleben vorwärtszukommen", z. B. enthält wenig oder keine generellen Tendenzen für oder gegen *bestimmte* Arten von Ausführungshandlungen. Es bleibt von dieser Tendenz her an sich unbestimmt, ob man schreiben oder telephonieren, ob man überhaupt die Handlung a oder eine ganz andersartige Handlung b ausführen soll. Und selbst jene Arbeiten, die typisch als „unter der Würde des betreffenden Berufes" angesehen und daher im allgemeinen gemieden werden (etwa das Briefeablegen bei den Kontoristinnen), können in gewissen besonderen Situationen des Berufes als ehrenvoll gern gemacht werden (man denke etwa daran, daß eine Kontoristin zum Ablegen besonders geheimer Akten als Vertrauensperson auserwählt würde). Ihrer Leistung nach gleiche Handlungen können also je nach ihrer Bedeutung im Zusammenhang des Berufslebens das eine Mal geboten, das andere Mal verboten erscheinen. Und selbst in den Fällen weitgehendst spezialisierter und fixierter Bedürfnisse pflegt noch eine gewisse, meist gar nicht geringe Breite möglicher Aufforderungscharaktere vorhanden zu sein, deren faktisches Auftreten erst von der konkreten Situation abhängt.

Wir stoßen hier auf ganz ähnliche Verhältnisse, wie wir sie bei den Vornahmen gefunden haben. Auch bei den Vornahmen gab es ja Fälle mit weitgehender Unbestimmtheit der Gelegenheit und Ausführungshandlung. Auch bei ihnen hat sich ferner gezeigt, daß selbst bei Festsetzung bestimmter Gelegenheiten im Vornahmeakt ein gewisser Spielraum an Aufforderungscharakteren für das Einsetzen der Vornahmenachwirkung erhalten zu bleiben pflegt.

Eine solche *Parallelität zwischen der Wirkung eines echten Bedürfnisses und der Nachwirkung einer Vornahme* zeigt sich in einer ganzen Reihe wesentlicher Punkte, die wir im folgenden anführen; sie veranlaßt uns, bei der Vornahme von dem Vorhandensein eines *Quasibedürfnisses* zu sprechen.

Sowohl die echten Bedürfnisse wie die Vornahmenachwirkungen äußern sich typisch darin, daß sich gewisse Dinge oder Ergebnisse mit

Aufforderungscharakter angeben lassen, deren Begegnung die Tendenz zu bestimmten Handlungen nach sich zieht.

Beide Male hat man den Zusammenhang zwischen dem Aufforderungscharakter und der Handlung jedoch nicht so zu verstehen, daß ein Koppelungsphänomen zwischen ihnen die Ursache der Handlung ist. Auch bei den Triebbedürfnissen fließt die Handlungsenergie bei aller Bedeutung der äußeren Triebanreize im wesentlichen aus gewissen *inneren Spannungen*. Wo die Mittel und Gelegenheiten zur Bedürfnisbefriedigung nicht von außen entgegentreten, werden sie *aktiv aufgesucht*, analog, wie wir das bei der Vornahmewirkung erwähnt haben.

Man könnte demgegenüber etwa auf die sog. *Gewohnheiten* hinweisen. Und in der Tat pflegt ja die Populärpsychologie — und das gleiche galt bis vor kurzem von der wissenschaftlichen Psychologie — die Gewohnheit im Sinne einer Koppelung gewisser Gelegenheiten und Handlungen zugleich als Energiequelle der Gewohnheitshandlungen anzusprechen. Als Beispiel glaubte man etwa darauf hinweisen zu können, daß man ja nicht immer aus Hunger zu bestimmten Tageszeiten gewisse Mahlzeiten zu sich nimmt. Nach den neueren experimentellen Ergebnissen[1]) kann man derartige Fälle jedoch nur so verstehen, daß die betreffende Handlung in einem größeren Handlungskomplex, z. B. in die „Tageseinteilung" oder „Lebensführung" als unselbständiger Bestandteil eingegliedert ist, derart, daß die Energie, der Motor dieses Geschehens, nunmehr aus anderen Bedürfnisquellen gespeist wird. Auch bei solchen Gewohnheitshandlungen und ebenso bei spezieller Fixation scheint mir letzten Endes die Struktur der Triebkräfte noch deutlich genug sichtbar zu sein: *Bei aller Bedeutung der äußeren Triebanreize haben wir es bei den Bedürfnissen im wesentlichen mit Spannungszuständen zu tun, die auf Befriedigung des betreffenden Bedürfnisses hindrängen*. Die Befriedigung hat eine Beseitigung des Spannungszustandes zur Folge und läßt sich als psychische „Sättigung" beschreiben.

Auf Grund einer solchen *Sättigung* verliert ein gewisser Umkreis von Gebilden und Ereignissen, die vor der Befriedigung (im „Hungerzustande") einen bestimmten Aufforderungscharakter besessen haben, diesen Charakter: sie werden neutral. Es zeigt sich hier also ein ganz analoger Vorgang wie nach der oben (S. 44) erwähnten „Erledigung" einer Vornahmehandlung, wo ebenfalls Gebilde, die zuvor einen Aufforderungscharakter gehabt haben, plötzlich neutral werden. Dieses Grundphänomen der Vornahmewirkung, das von der Theorie einer Koppelung her ohne komplizierte Zusatztheorien kaum erklärbar ist, wird also verständlich, wenn man die Vornahmewirkung als das Entstehen eines Quasibedürfnisses auffaßt und demgemäß die *Erledigung*

---

[1]) *Lewin*, a. a. O., 1922. — *Sigmar*, a. a. O.

der Vornahme als eine „Befriedigung", als Sättigung dieses Quasibedürfnisses ansieht.

In der Tat ist das Auftreten von *Befriedigungserlebnissen* eine außerordentlich häufige und auch in den experimentellen Untersuchungen typisch auftretende Erscheinung gegen Ende der Ausführungshandlung.

Stärker noch als durch diese Verwandtschaft im Phänomenalen wird diese These dadurch gestützt, daß sich von ihr aus auch dynamisch die Eigentümlichkeiten der Vornahmewirkung aufklären und ableiten lassen.

Ist das Vorhandensein eines latenten Spannungszustandes, der auf Ausgleich (Befriedigung) hindrängt, das Primäre, so muß in der Tat nicht nur die im Vornahmeakt vorgestellte, sondern *jede sachlich in Frage kommende Gelegenheit* (sofern sie auch psychisch existent ist und nicht durch Gegenkräfte paralysiert wird) die Vornahmewirkung zum Ansprechen bringen. Bleibt die Gelegenheit aus, so wird ebenso wie bei Triebbedürfnissen oder anderweitigen echten Bedürfnissen infolge des latenten Spannungszustandes die Gelegenheit *aktiv aufgesucht*. Wird der Spannungszustand zu groß, so kommt es hier wie dort nicht selten zu unzweckmäßigen Handlungen von der Art des *Zu-frühen-Losbrechens*.

Auch in den speziellen Beziehungen zu den Aufforderungscharakteren zeigen echte Bedürfnisse und Quasibedürfnisse weitgehende Übereinstimmung. (Soweit die folgenden Angaben sich nur auf Beobachtungen des täglichen Lebens stützen, bedürfen sie dringend einer experimentellen Untersuchung und sind daher nur als vorläufige Ansätze aufzufassen.)

Der *Kreis der Aufforderungscharaktere* pflegt sich *mit der Intensität des echten Bedürfnisses auszubreiten*. In außergewöhnlichen Hungerzuständen pflegen Dinge, die sonst als ungenießbar und ekelerregend wirken, positiven Aufforderungscharakter zu bekommen. Schließlich wird Erde gegessen und Anthropophagie wird häufig. (Dabei handelt man z. T. der Not gehorchend mit innerem Ekel, z. T. aber ändern sich auch die phänomenalen Aufforderungscharaktere). Auch in weniger extremen Spannungszuständen macht sich diese Ausbreitung der Aufforderungscharaktere mit wachsender Bedürfnisstärke bemerkbar[1]). Ähnliches gilt von sog. geistigen Bedürfnissen: der satte Bourgeois, der blasierte Jüngling. Entsprechendes läßt sich nun bei Quasibedürfnissen beobachten. Der Umkreis der im Vornahmeakt nicht vorgestellten Gelegenheiten, auf welche die Vornahme ebenfalls anspricht, pflegt um so größer zu werden, je stärker der Spannungszustand ist, der nach der Vornahme resultiert. Handelt es sich um einen wichtigen Brief, an dessen rascher Beförderung einem liegt, so wird der Besuch des Freundes oder eine andere Gelegenheit im allgemeinen eher beachtet

---

[1]) Vgl. *Katz* und *Toll*, Die Messung von Charakter- und Begabungsunterschieden bei Tieren. Zeitschr. f. Psychol. **93**.

werden, als wenn es sich um einen gleichgültigen Brief handelt. (Auf die Ausnahmen, die mit der Natur der krampfhaften Handlung zusammen hängen, kommen wir noch zurück.)

3) Die Fixation bei echten Bedürfnissen und Quasibedürfnissen.

Eine der wesentlichsten Erscheinungen, die das Verhältnis der Aufforderungscharaktere zu einem echten Bedürfnis betrifft, ist das Faktum der *Fixation.* Der Bereich der Aufforderungscharaktere zeigt sich bisweilen gegenüber den „an sich" in Frage kommenden Dingen oder Ereignissen außerordentlich verengt.

Ein Kind z. B., das mehrere Puppen hat, will immer mit ein und derselben Puppe spielen, oder diese Puppe wird jedenfalls vor allen anderen Puppen unverhältnismäßig bevorzugt. Das Kind behauptet, „sie ist immer artig", „sagte nie die Unwahrheit", und sie wird noch in einem Zustand von Ramponiertheit über alles geliebt, bei dem andere Puppen nur noch wenig beachtet werden. (Ich meine hier also nicht den Fall, wo die Puppe gerade wegen ihres ramponierten Zustandes bevorzugt wird.)

Die Fixation an *bestimmte* Aufforderungscharaktere und *bestimmte* Befriedigungsarten spielt im psychischen Leben eine große und sehr bedeutsame Rolle. Es ist bekannt, wie außerordentlich fest die Fixation an einen Menschen, einen Beruf, eine Arbeit usw. auf allen Gebieten der echten Bedürfnisse sein kann, welche radikal ausschließende Funktion sie besitzen kann und wie schwer sie häufig zu lösen ist.

Eine solche Fixation hat also wahrscheinlich einen besonders starken Aufforderungscharakter des betreffenden Gebildes zur Folge und besitzt eine gewisse *ausschließende Funktion:* andere Gebilde verlieren ganz oder teilweise ihren Aufforderungscharakter. Entsprechendes gilt von der Fixierung an bestimmte Modifikationen der Befriedigungs*handlung*.

Ganz Analoges läßt sich nun bei den Quasibedürfnissen beobachten. Die Vorstellung einer bestimmten Gelegenheit beim Vornahmeakt kann eine gewisse fixierende Bedeutung besitzen, sie kann den Kreis der Gelegenheiten gegenüber jenen sachlich an sich in Frage kommenden Gelegenheiten, auf die eine weniger spezielle Vornahme angesprochen hätte, einengen. Das gleiche gilt für die Ausführungshandlungen: Während man z. B. bei einer vorgenommenen Unterredung ohne die besondere Vornahme, ganz bestimmte Argumente zu gebrauchen, wahrscheinlich situationsgemäß und damit zweckmäßig argumentiert hätte, zieht eine spezielle Festlegung der Argumente durch den vorausgegangenen Vornahmeakt nicht selten situationswidrige Äußerungen nach sich.

Sowohl bei echten Bedürfnissen wie bei den Quasibedürfnissen hat die Fixation jedoch in der Regel *keine* ganz ausschließende Wirkung. Es pflegt daneben ein gewisser Kreis anderer Aufforderungscharaktere bestehen zu bleiben, vor allem dann, wenn der Druck des echten oder des Quasibedürfnisses stark ist.

Bei echten Bedürfnissen pflegt die Gelegenheit und die Art der *ersten Befriedigung* eine ganz besondere Bedeutung für die Fixation zu haben (erste Liebe). Das gleiche gilt bei Vornahmen, die auf wiederholte Handlungen hindrängen. Bleibt etwa vor der ersten Ausführung die Gelegenheit offen und sind mehrere Gelegenheiten möglich, so bekommt in der Folge jene Art von Gelegenheiten, auf die die Vornahme zuerst angesprochen hat, eine erhöhte Betonung. Das gleiche gilt von der ersten Art der Ausführung, die zur befriedigenden Erledigung geführt hat[1]), und spielt bei den sog. Übungsvorgängen eine nicht unwesentliche Rolle.

Überhaupt sind die Aufforderungscharaktere und ihre Wandlung für den sog. Prozeß der „*Übung*", der psychologisch keineswegs ein einheitliches Geschehen darstellt[2]), von großer Bedeutung. Bei jedem Lernen einer Tätigkeit (z. B. des Drehens an der Drehbank) verliert Vieles seinen natürlichen Aufforderungscharakter: Räder und Ereignisse, die zunächst etwa wegen ihrer Größe oder Plötzlichkeit erschreckend wirkten, werden gleichgültig. Dagegen bekommen andere, zunächst unbeachtete Gebilde und Ereignisse mit der Einbettung in das neue Gesamtgeschehen ganz bestimmte ausgeprägte Aufforderungscharaktere.

Bei der wiederholten Ausführung einer Vornahmehandlung geht häufig Hand in Hand mit der Festlegung bestimmter Ausführungsarten, ein Vorgang, den man nicht selten auch als „Automatisierung" zu bezeichnen pflegt. Der gesamte Ablauf der Geschehnisse verläuft starrer, unlebendiger. Das Quasibedürfnis zu Beginn der Wiederholungen verhält sich also relativ zu den späteren Wiederholungen ähnlich wie ein junger Organismus zu einem alten: Der Inbegriff der Möglichkeiten, durch den das Quasibedürfnis konditional-genetisch (vgl. S. 88) zu definieren ist, besteht anfangs auch faktisch; das Bedürfnis spricht auf allerhand verschiedenartige Gelegenheiten an und zeigt eine starke *Anpassungsfähigkeit* der Ausführungsart an die *Situationen*. Bei den späteren Wiederholungen dagegen ist die *Ausführungsart relativ starr*: Geschichtliche Faktoren haben den Bereich der möglichen Verhaltungsweisen eingeschränkt. (Wie bereits bemerkt, scheint es jedoch Fälle zu geben, wo bereits beim ersten Male eine Fixation vorliegt.)

Mit dieser *Verknöcherung* Hand in Hand geht in der Regel ein *Selbständigwerden* des Bedürfnis- resp. Quasibedürfnis*geschehens*, vielleicht sogar als deren notwendige Voraussetzung. Es kommt zu einem relativ selbständigen besonderen Organismus, der ohne notwendige Beherrschung durch die Gesamtperson die Handlungen ausführt, und dessen

---

[1]) So können „latente Einstellungen" (*Koffka*, Zur Analyse der Vorstellungen und ihrer Gesetze, Leipzig 1912) resp. Tätigkeitsbereitschaften entstehen.

[2]) *Lewin*, a. a. O. Psychol. Forsch. **2**, 124. — *Blumenfeld*, Das Suchen von Zahlen im begrenzten ebenen Felde und das Problem der Abstraktion. Zeitschr. f. angew. Psychol. **26**. 1925.

Kommunikation mit den übrigen Bedürfnissen und Quasibedürfnissen auch in dynamischer Hinsicht eingeschränkt erscheint.

Als experimentelles Beispiel sei auf die Versuche zur Willensmessung hingewiesen[1]). Hier hängt die Art des Geschehens und z. B. das Auftreten von intendierten Fehlreaktionen (Gewohnheitsfehlern) nur noch sehr indirekt von den zugrunde liegenden Bedürfnissen, dagegen im wesentlichen von der speziellen Ausführungsart ab: Nicht das Vorhandensein eines bestimmten Quasibedürfnisses, sondern das Vorliegen einer ganz bestimmten „*Tätigkeitsbereitschaft*" (Lewin, a. a. O.), die also eine *bestimmte* Art der Ausführung einschließt, ist *hier* entscheidend dafür, ob ein Gewohnheitsfehler auftritt oder nicht.

Die Energiequelle allerdings bleibt auch bei solchen *verknöcherten* Quasibedürfnissen das Quasibedürfnis selbst, resp. das ihm zu Grunde liegende echte Bedürfnis.

Sowohl dann, wenn die *Festlegung* bestimmter Aufforderungscharaktere und Ausführungshandlungen durch den Vornahmeakt selbst erfolgt, wie in den Fällen, wo sie sich erst im Laufe der ersten Erledigungen herausbildet, handelt es sich jedenfalls um einen Vorgang, der die engste Verwandtschaft mit dem Prozeß der *Fixation* bei echten Bedürfnissen zeigt. Von einer *Assoziation*, wie sie etwa beim Auswendiglernen von Vokabeln oder einer sonstigen „Veränderung des Wissensbestandes"[2]) gegeben ist, unterscheidet er sich dagegen in wesentlichen Punkten.

Es ist dabei gleichgültig, ob man eine Assoziation zwischen der Gelegenheit und der Ausführung im Auge hat oder eine Assoziation zwischen der Gelegenheit und einem Aufforderungscharakter, den sie durch die Vornahme bekommt. Letzterem gegenüber ist schon an und für sich darauf hinzuweisen, daß der Aufforderungscharakter eines Dinges, ebensowenig wie etwa die figurale Gestalt, als ein selbständiges, zweites seelisches Gebilde aufgefaßt werden kann, das mit einem Ding oder Ereignis eine Verbindung eingeht, obschon der Aufforderungscharakter in vielen Fällen stärker wechselt als die figurale Gestalt des Dinges. Vielmehr gehört der Aufforderungscharakter eines Dinges zumindest ebenso wesenhaft zu ihm wie seine figurale Gestalt. Und man sollte daher, wenn man in dieser Hinsicht Mißverständnisse ausschalten will, statt von einer Wandlung der Aufforderungscharaktere eines Dinges von der Existenz *verschiedener*, nur figural oder äußerlich gleicher Gebilde sprechen. Denn ein Gebilde, bei dem sich etwa auf Grund der veränderten Situation der Aufforderungscharakter geändert hat (der Postkasten vor und nach dem Einwerfen des Briefes) *ist* eben seelisch ein anderes Gebilde.

Die *Reproduktionsmöglichkeit*, durch die die Assoziation charakterisiert ist, besteht bei Wissensbeständen in der Regel auch nach *mehrmaliger Wiederholung* der Reproduktion. Ja, sie soll gemäß den Gesetzen der Assoziation durch die Reproduktion stärker werden. Der vorher

---

[1]) Vgl. *Ach*, a. a. O.; *Lewin*, a. a. O.
[2]) *Selz*, Die Gesetze des geordneten Denkverlaufs. Stuttgart 1913. Ferner: Zur Psychologie des produktiven Denkens und des Irrtums. 1922. — *Lewin*, a. a. O., Psychol. Forsch. 2, 135.

vorhandene Befehlscharakter eines Dinges oder Ereignisses, z. B. des Briefkastens, erlischt jedoch, wie erwähnt, in der Regel mit dem Akt der Erledigung. In der gleichen Richtung liegen experimentelle Erfahrungen über die Fixation von Aufforderungscharakteren durch die Ausführung von Vornahmehandlungen. Gebilde, die durch die ersten Ausführungen der Handlung einen Aufforderungscharakter erhalten haben, können ihren *Aufforderungscharakter* gerade *durch die wiederholte Ausführung* der Vornahmehandlung wieder *verlieren*[1]).

Eine gewisse Schwierigkeit für unsere Auffassung scheint zunächst in folgendem Umstand zu liegen. Wir hatten gesehen, daß mit Erledigung der vorgenommenen Handlung, also der Sättigung des Quasibedürfnisses, die Aufforderungscharaktere im allgemeinen schwinden, entsprechend dem Umstande, daß ja nunmehr keine reale Spannung vorhanden ist, die auf die Ausführungshandlung hindrängt. Die Beobachtung des täglichen Lebens scheint jedoch dafür zu sprechen, daß *bisweilen* ein derartiger Aufforderungscharakter auch nach der Erledigung wenigstens eine gewisse Zeit weiterbesteht. Es kann vorkommen, daß, obschon man den Brief in den Briefkasten geworfen hat, doch ein späterer Briefkasten nochmals mahnt, diesen Brief einzuwerfen.

An und für sich besteht die Möglichkeit, daß hier sozusagen ein Gegenbeispiel für jene sogleich zu besprechenden Fälle vorliegt, wo eine *Ersatzbefriedigung* das Vergessen der eigentlichen Vornahmehandlung mit sich bringt (vgl. oben S. 54f.). Das Hineinwerfen des Briefes hätte dann aus irgendwelchen Gründen, obschon es objektiv den gewünschten Erfolg herbeiführt, *psychisch* doch nicht als eigentliche Befriedigungshandlung gewirkt oder die im Quasibedürfnis vorhandenen Spannungen jedenfalls nicht völlig beseitigt. Denn auf Beseitigung dieser Spannungen und nicht auf die äußere Handlung als solche kommt es an.

Die gleiche Frage besteht für Aufforderungscharaktere, die mit echten Bedürfnissen zusammenhängen:

Beim kleinen Kinde, das eine Speise nicht essen will, genügt es, häufig den Löffel ohne sonstigen Zwang nahe an den Mund zu bringen, um es zum Zuschnappen zu veranlassen. Später zeigt es diesem unmittelbaren Aufforderungscharakter gegenüber, dem es „triebartig" nachgibt, eine größere Beherrschungsfähigkeit: es kneift den Mund zusammen, wendet den Kopf weg oder ähnliches. In solchen Fällen kann man den ursprünglichen Effekt wiederum erzielen, wenn man das Kind zugleich ablenkt, also irgendwie anderweitig in Anspruch nimmt. (Bei einem größeren Kinde hilft schließlich allerdings auch das nicht mehr.)

An dieser Erscheinung sind zwei Fakten wesentlich. Zunächst: der Aufforderungscharakter wird hier *stärker wirksam*, sobald man ihn *weniger „beachtet"*. Die größere „Aufmerksamkeit" wirkt hier also im

---

[1]) Die Versuche sind in der Psychol. Forsch. 7, 4, S. 262 ff. dargestellt. Vgl. auch *Schwarz*, Über Rückfälligkeit bei Gewohnheiten (erscheint als III. Abhandlung der im Vorwort erwähnten Reihe).

gewissen Sinne dahin, daß der „Reiz" (Aufforderungscharakter) sich weniger unmittelbar durchsetzt. Wir fassen diesen scheinbar paradoxen Sachverhalt dahin auf, daß im Falle des Abgelenktseins die Feldkräfte sich gemäß der geringeren Beherrschtheit unmittelbarer durchsetzen.

Die Verhältnisse liegen im Falle der Ablenkung allerdings insofern noch etwas komplizierter, als damit auch der negative Aufforderungscharakter dessen, was auf dem Teller liegt, in Betracht zu ziehen ist.

Ferner: das Nahebringen des gefüllten Löffels an den Mund besitzt Aufforderungscharakter für das Kind auch in Situationen, wo das Kind die betreffende Speise nicht mag. Populärpsychologisch würde man die Erscheinung auf „Gewohnheit" zurückführen, mit welchem Terminus man überhaupt nicht selten einen Fixationseffekt bezeichnet. In der Tat muß, da ja kein Bedürfnis zu der betreffenden Speise besteht, der Aufforderungscharakter von dem Löffel als solchem resp. seinem Nahebringen in dieser Gesamtsituation ausgehen. Der Aufforderungscharakter scheint hier also auch ohne Vorhandensein eines momentanen Bedürfnisses wirksam zu werden. Ähnliche Fälle kennt man vielfach aus dem Leben, wo man etwas halb gegen seinen Willen tut, was man bei anderen Gelegenheiten gern getan hat.

Man wird sich allerdings fragen müssen, ob in solchen Fällen nicht doch irgendwelche echten oder Quasibedürfnisse zu der betreffenden Handlung vorhanden sind, auch wenn das Hauptbedürfnis wegfällt. In der Tat besteht die Möglichkeit, daß hier z. B. jene zwischen den Quasibedürfnissen und den echten Bedürfnissen stehenden Spannungen eine Rolle spielen, die mit den übergreifenden Willenszielen zusammenhängen, die für die Gestaltung unseres täglichen Lebensablaufes: Aufstehen, Ankleiden, Mahlzeiten, Schlafengehen usw. maßgebend sind (vgl. S. 65). Dafür spricht auch, daß derartige Aufforderungscharaktere in der Regel wohl nur kurze Zeit sich gegen die entgegenstehenden Bedürfnisse durchzusetzen vermögen und auf die Dauer gewisse Abänderungen der „Lebensführung" nach sich ziehen.

Es fragt sich jedoch, ob diese Erklärungen in allen Fällen wirklich zutreffen oder ob unter Umständen, zumal im Falle von Fixationen, die Aufforderungscharaktere auch über die Sättigung des Quasibedürfnisses hinaus als solche fortbestehen können. Hier kann nur eine experimentelle Analyse Aufklärung schaffen.

Unsere Bemerkungen über das Phänomen der Fixation bei echten Bedürfnissen und bei Quasibedürfnissen wollen nicht eine ausgebaute Theorie der Fixation darstellen, zumal Fixationen im psychischen Leben eine sehr bedeutsame Rolle spielen. Es soll hier auch keineswegs behauptet werden, daß nicht doch auch echte Koppelungsphänomene bei der Fixation mitwirken.

Vielmehr genügen uns hier einige grundlegende Feststellungen: Der Fall ausschließlicher *Fixation* des Aufforderungscharakters an eine ganz *bestimmte* Gelegenheit ist ebenso wie die Festlegung einer bestimmten Ausführungsart als *Spezialfall* einzugliedern in das breite Gebiet jener Fälle, wo der Aufforderungscharakter einem größeren Bereich von Ereignissen und Gebilden zukommt. Von der Theorie des Quasibedürfnisses her erscheinen im Gegensatz zu der gebräuchlichen Auffassung die Fälle ohne derartig spezialisierende Fixationen, die die Wirkung der übrigen sachlich in Frage kommenden Gelegenheiten weitgehend einschränken, als reinere Darstellungen des Grundfalls des Vornahmeprozesses. Als Energiequelle sind die zugrunde liegenden echten oder Quasibedürfnisse anzusprechen. An sie sind zumindest weitgehend auch die fixierten Aufforderungscharaktere gebunden. Die Fixation selbst bildet nicht die Quelle des Geschehens, sondern schreibt ihm nur Formen oder Gelegenheiten vor. Auch soweit die Vorstellung einer bestimmten Gelegenheit und Ausführungshandlung wirklich als Koppelungsphänomen aufzufassen sein sollte, ist es im wesentlichen nicht nach Analogie der Koppelung von Vokabeln oder einer sonstigen Wissensverknüpfung zu verstehen, sondern als die Fixation eines Aufforderungscharakters an bestimmte Gelegenheiten.

4) Die Ersatzerledigung.

Ist nicht ein Koppelungsphänomen zwischen Gelegenheit und Ausführung die Quelle der Vornahmehandlung, sondern das Vorhandensein eines Quasibedürfnisses, so klären sich auch ohne weiteres wesentliche Grundfragen des Problems der *Ersatzerledigung*.

Auch die *echten Bedürfnisse* kennen Ersatzbefriedigungen. Ja, es gibt eine ganze Reihe verschiedener Arten von Ersatzerledigung, und zwar parallel, sowohl bei den echten Bedürfnissen wie bei den Quasibedürfnissen. Die Unterschiede der verschiedenen Arten sind zum Teil recht tiefgehender Natur. Ihre begriffliche Bestimmung ist jedoch nicht ganz leicht, zumal es auch alle Übergänge und Mischtypen gibt. Wir wollen den Terminus *Ersatzerledigung* für sie alle, also in einem mehr äußerlichen Sinne benutzen und müssen uns im Rahmen dieser Arbeit mit dem Nennen einiger Haupttypen begnügen, ohne die wichtigen dabei auftretenden Fragen ausführlich diskutieren zu können.

1. Situationsgemäß veränderte, sachlich äquivalente, kurz „*situationsgemäße Erledigung*". Beispiel: statt den Brief der ursprünglichen Absicht gemäß selbst in den Briefkasten zu befördern, läßt man ihn durch den Freund besorgen. Hier liegt gar keine eigentliche Ersatzerledigung vor. Lediglich die Ausführungshandlung verläuft anders, als zunächst vorgestellt. Wir hatten gesehen, daß dieser Fall insofern im Grunde als Normalfall anzusprechen ist, als die echten oder Quasibedürfnisse in der Regel die Ausführungsart weitgehend offen lassen. Für die Theorie des Quasibedürfnisses bietet diese Art von Ersatzerledigung also keine Schwierigkeit oder auch nur Besonderheit (so schwer verständlich sie sind, wenn man von einem Kopplungsphänomen ausgeht): Das Ziel des ursprünglichen Bedürfnisses wird wirklich er-

reicht. *Auf Grund der Erledigungshandlung ist daher die Spannung beseitigt* (das Quasibedürfnis gesättigt), und damit schwinden auch die Aufforderungscharaktere. Für die echten Bedürfnisse gilt, wie bereits mehrfach ausgeführt. Analoges.

2. „*Pars pro toto*"-*Erledigung*. Beispiel: Statt einen Gegenstand zu kaufen, geht man nur durch die in Frage kommende Straße; oder eine Absicht wird nur im Notizbuch vermerkt, statt wirklich ausgeführt. Die Ausführungshandlung verläuft „*in der Richtung auf*" das ursprüngliche Ziel, bleibt dann aber scheinbar stecken. Dynamisch jedoch zeigen sich nicht die für unvollendete Erledigungen sonst typischen Effekte. Die Bedürfnisspannungen sind vielmehr schon vor der eigentlichen Erledigung unverhältnismäßig stark ausgeglichen. Die volle Erledigung wird z. B. vergessen. (Vgl. ferner das Klavierbeispiel S. 74.) Nicht selten scheint hier das Auftreten besonderer Befriedigungserlebnisse nach der Teilerledigung mit Schuld an dem Ausbleiben der eigentlichen Erledigung zu sein.

In gewissem Sinne mehr zum Typus 1, andererseits wieder mehr zu dem sogleich zu besprechenden Typus 3 gehören Fälle folgender Art: die Wiederaufnahme der unvollendeten Handlung (Gedicht aufschreiben) bleibt aus, weil inzwischen eine andere Handlung (Zeichnen des Gedichtinhaltes) stattgefunden hat, die zwar nicht zum gleichen Ziele führt, aber aus demselben Bedürfnis fließt und seine Spannungen ausgleicht.

3. Unwirkliche Erledigung, *Scheinerledigung*, Schattenerledigung; damit eng verwandt: *Surrogaterledigung*. Beispiel: da es nicht gelingt, einen Ring über eine bestimmte Flasche zu werfen, wirft man ihn auf eine leicht erreichbare andere Flasche oder irgendeinen Haken in der Nähe. (Aus Versuchen von Frl. *Dembo*.) Hier liegt kein Geschehen in der Richtung auf das wirkliche Ziel vor. Man kommt dem eigentlichen Ziel um keinen Schritt näher, aber die Ausführungshandlung gleicht irgendwie der echten Erledigungs*handlung*, sie gehört zum *identischen* Typus. Es pflegt momentan eine gewisse Befriedigung zu resultieren. In der Regel ist sie jedoch nicht von Dauer, sondern weicht sogleich wieder dem ursprünglichen Bedürfnis. Derartige Fälle lassen sich experimentell relativ leicht erzeugen, z. B. als „Ausweichhandlungen" bei zu schweren Aufgaben.

Es ist eine wichtige, hier nicht näher zu erörternde Frage, wie es möglich ist, daß Bedürfnisspannungen zu Handlungen treiben, die gar nicht wirklich auf dem Wege der Beseitigung des Bedürfnisses liegen. Die Annahme, daß hier nur die Tendenz vorliegt, wenigstens irgend etwas zu tun (als eine affektive Unruhehandlung), dürfte nicht ausreichen. Man könnte eine „Ausbreitung" des ursprünglichen Bedürfnisses auf Handlungen von identischem Typus annehmen; oder die Ersatzhandlung stellt eine wirkliche Befriedigung des ursprünglichen Bedürfnisses (auf Grund der „Identität" der Ausführungshandlung) dar, und das eventuelle Fortbestehen des Bedürfnisses bedeutet ein Wiederaufleben auf Grund des weiterhin vorhandenen Reizes (Aufforderungscharaktere). (Noch weitere Theorien blieben möglich. Der Zusammenhang mit dem sehr mißverständlichen Begriff des „Symbols" in der *Freud*schen Schule ist deutlich.)

Auch bei Triebbedürfnissen oder zentralen Willenszielen treten häufig, wenn die eigentliche Befriedigungshandlung auf Schwierigkeiten stößt, *Surrogatbefriedigungen* auf: Man „begnügt sich mit weniger", geht in seinen Ansprüchen zurück. Und zwar gibt es dabei alle Stufen von der nur weniger vollwertigen Befriedigung bis zur bloßen Schein- oder Schattenerledigung. Wo jemand gerne befehlen möchte, aber in Wirklichkeit nichts zu bestimmen hat, will er nicht selten wenigstens mitreden oder wenigstens „dabei sein". Der Junge, der das Abfahrtssignal für den Zug nicht geben darf, ruft wenigstens nach dem Stationsvorsteher: „Abfahren". Statt daß ein Fürsorgezögling aus der Anstalt wirklich ausreißt, wünscht er sich brennend einen Koffer. Ein Student, der sich aus Geldmangel kein Klavier kaufen kann, beginnt Klavierkataloge zu sammeln.

In solchen Fällen, wie im letzten Beispiel, können sich die Handlungen weitgehend verselbständigen und zu echten „Ersatzbedürfnissen" führen. (Hier wäre der Begriff der „Sublimierung" zu erörtern.)

4. *Verdeckte Scheinerledigung.* Im obengenannten Beispiel (für 3) kann an Stelle einer zweiten Flasche auch ein kleiner Teddybär oder etwas Ähnliches treten. Auch der Typus der Handlung kann äußerlich so stark verändert sein, daß sie kaum mehr wiederzuerkennen ist. Eine derartige Handlung kann z. B. dann auftreten, wenn die Situation auf Verheimlichung der Ersatzerledigung drängt, z. B. wenn man sich geniert.

Neben der Größe der Spannung, die bei dem in Frage stehenden speziellen Bedürfnis vorhanden ist, ist der *allgemeine Grad des Befriedigtseins oder Unbefriedigtseins der Vp.* von Wichtigkeit. Das haben auch die erwähnten Versuche (S. 51 f.) über das Vergessen gezeigt: die Unterschrift wird leichter vergessen, wenn die Vp. sich in einem Zustand besonderer Befriedigung über ihre sonstigen Leistungen befindet.

Auch in diesem Punkte zeigt sich also eine Parallele zu den echten Bedürfnissen, für die ebenfalls nicht nur der Spannungszustand bei dem betreffenden einzelnen Bedürfnis, sondern die Gesamtlage der Sättigung, der Übersättigung oder des Ungesättigtseins der Bedürfnisse des betreffenden Individuums wichtig ist. (Der Blasierte, der satte Bourgeois sprechen schließlich überhaupt nur schwer auf irgendwelche Aufforderungscharaktere an.)

d) Der reale Zusammenhang zwischen Quasibedürfnis und echten Bedürfnissen.

1) Quasibedürfnisse und entgegenstehende Bedürfnisse.

Faßt man die Vornahmewirkung als ein Quasibedürfnis auf, so tritt sie damit nicht nur formal in Parallele mit den echten Bedürfnissen. Auch die *reale Beziehung zwischen der Vornahmewirkung und den natürlichen Bedürfnissen* gewinnt an Durchsichtigkeit.

Verschiedene natürliche Bedürfnisse können miteinander in Konflikt geraten. D. h. die in Frage kommenden *Spannungszustände stehen nicht völlig isoliert nebeneinander*. Teils bilden sie unselbständige Momente eines umfassenden Spannungszustandes; teils stehen sie wenigstens in gewisser realer Kommunikation entsprechend dem Grad des Zusammenhanges, in dem die betreffenden Sphären oder Komplexe im seelischen Ganzen stehen. (Diese Tatsachen hat man bei der Behandlung der Triebe häufig nicht genügend berücksichtigt.)

Entsprechendes gilt für die reale Beziehung der Quasibedürfnisse zueinander und zu den echten Bedürfnissen. So erklärt es sich, daß Vornahmen immer wieder „vergessen" werden, wenn ein starkes echtes *Gegenbedürfnis* vorhanden ist (s. oben S. 56).

Von dieser Frage des Mit- und Gegeneinander von Quasibedürfnissen und echten Bedürfnissen her ergibt sich auch ein Zugang zu der Frage nach der *„Beliebigkeit" der Vornahmen*. Es ist an sich ja ein erstaunliches Faktum, daß der Mensch eine außerordentliche Freiheit darin besitzt, sich irgendwelche, selbst sinnlose Handlungen vornehmen zu können, d. h. ein entsprechendes Quasibedürfnis in sich zu erzeugen. Diese Freiheit ist für den Menschen der Zivilisation charakteristisch. Sie steht Kindern und wahrscheinlich auch den Primitiven in ungleich geringerem Grade zur Verfügung und unterscheidet den Menschen wahrscheinlich weitgehender von den nächstverwandten Tieren, als seine höhere Intelligenz. (Dieser Unterschied hängt offenbar mit Fragen der „Beherrschtheit" zusammen.)

Trotzdem *kann man sich keineswegs Beliebiges vornehmen*, wenn man dabei das Entstehen eines wirklichen Quasibedürfnisses als Kriterium verwendet. Man kann sich ohne Bedürfnisgrund nicht vornehmen, sich selbst oder einen Bekannten zu töten, oder auch nur, irgend etwas Ernsthaftes gegen seine wirklichen Interessen zu unternehmen. Selbst unter dem Druck der Hypnose werden derartige Vornahmen nicht vollzogen. In diesen Fällen zeigt sich also besonders klar der reale Zusammenhang zwischen den Quasibedürfnissen und den echten Bedürfnissen.

Bei *Kindern ist die Grenze in der Beliebigkeit* der Vornahme noch *sehr viel eher erreicht*. Häufig fehlt ihnen sogar die Möglichkeit, Dingen oder Ereignissen, die ihnen an und für sich relativ *neutral* sind, auf Grund eines Quasibedürfnisses einen positiven Aufforderungscharakter zu geben.

Sie sind weitgehend darauf angewiesen, daß von den Handlungen, die sie sich vornehmen wollen, wenigstens ein gewisses Maß auch von natürlichem Aufforderungscharakter ausgeht. (Diese Fragen spielen in der Pädagogik des Kleinkindes eine große Rolle.)

2) Quasibedürfnisse und gleichgerichtete echte Bedürfnisse.

Der reale Zusammenhang zwischen Quasibedürfnis und echtem Bedürfnis ergibt Aufklärung auch über die zunächst paradoxe Erscheinung, daß gemäß dem übereinstimmenden Ergebnis der verschiedenen experimentellen Untersuchungen *die Intensität des Vornahmeaktes für die Wirksamkeit der Vornahme nicht entscheidend* ist.

Daß besonders intensive Vornahmeakte nicht selten weniger wirksam sind als schwächere, beruht, wie erwähnt, z. T. darauf, daß ganz allgemein *krampfhafte* Handlungen weniger erfolgreich zu sein pflegen als nicht-krampfhafte. Dabei steht also der Vornahmeakt selbst als Handlung in Frage.

Wesentlicher jedoch ist folgender Zusammenhang. Die durch den Vornahmeakt gesetzten Spannungen und Aufforderungscharaktere sind ja nichts Ursprüngliches. Sie entstehen auf Grund irgendwelcher echten Bedürfnisse, die auf Triebe oder übergreifende Willensziele zurückgehen. Und das *Quasibedürfnis* bleibt auch nach seinem Entstehen weiterhin *in Kommunikation mit einem Komplex solcher als echte Bedürfnisse vorhandenen Spannungen*. Die Vornahme, den Brief in den Briefkasten zu werfen, einen Bekannten aufzusuchen, ja selbst die, als Vp. eine Reihe sinnloser Silben auswendig zu lernen, bildet selbst dann, wenn das betreffende Handlungs*geschehen* ein relativ gut abgeschlossenes Ganzes darstellt, den hinter ihr stehenden Kräften nach nichts Isoliertes, sondern fließt aus umfassenderen Bedürfnissen: etwa dem Willen, seine Berufsarbeiten zu erledigen oder als Student im Studium vorwärts zu kommen oder einem Bekannten einen Freundschaftsdienst zu erweisen. Nicht von der Intensität des Vornahmeaktes, sondern (abgesehen von anderen Faktoren) von der *Stärke* und (der Lebenswichtigkeit oder richtiger von der) *Tiefe der Verankerung* der echten Bedürfnisse, in die das Quasibedürfnis eingebettet ist, hängt im wesentlichen die Wirksamkeit der Vornahme ab.

Die „echten" *Bedürfnisse*, die dabei in Frage kommen, sind *einmal diejenigen, aus der die Vornahmen selbst erwachsen sind*, d. h. die dazu geführt haben, daß man sich zu der betreffenden Handlung entschlossen hat. Also bei der Vornahme, den Brief in den Briefkasten zu stecken wäre das Bedürfnis, jemand zu benachrichtigen, maßgebend, das seinerseits wiederum in umfassenderen Willenszielen gründet.

Daneben machen sich aber nicht selten bei der Durchführung *Spannungen* und Kräfte bemerkbar, *die bei dem Zustandekommen der Vor-*

nahme selbst gar nicht oder wenig mitgewirkt haben. Ein recht häufiger Fall ist der, daß, wenn einmal die Vornahme gefaßt oder die Handlung eingeleitet ist, nunmehr „die ganze Person" engagiert und damit eine Kommunikation mit Spannungen hergestellt ist, die mit dem „Selbstbewußtsein" und der „Angst vor Minderwertigkeit" zusammenhängen. Die individuellen Unterschiede in der Leichtigkeit mit der solche Nebenkräfte in eine Vornahmehandlung einfließen und dabei evtl. zu den alleinigen Triebkräften werden, scheinen beträchtlich zu sein: Gehört es doch z. B. zu einem gewissen Lebensideal, an einer einmal getroffenen Entscheidung möglichst weitgehend festzuhalten. Auch die *Situation* ist in dieser Hinsicht von größter Bedeutung. So ist z. B. die oben erwähnte sehr viel geringere Vergeßlichkeit bei den *Massenversuchen* von Frau *Birenbaum* relativ zu den Einzelversuchen auf das Wirksamwerden derartiger Kräfte zurückzuführen.

Die Kommunikation mit derartigen verschiedenen echten Bedürfnissen kann, wie beim Beispiel des Massenversuchs, von vornherein bestehen. Nicht selten aber ist sie beim Vornahmeakt selbst noch nicht vorhanden, sondern tritt erst im Laufe des späteren Geschehens auf. Es handelt sich dabei nicht um eine nur begriffliche Beziehung, wie sie etwa bei der begrifflichen Verwandtschaft zwischen verschiedenen Bedürfnistypen vorliegt, sondern um eine *reale Kommunikation* konkreter Spannungszustände. Ihr Vorhandensein oder Nichtvorhandensein läßt sich nicht generell, sondern nur von Fall zu Fall entscheiden; sie setzt in bestimmten Zeitmomenten ein, und ihr Entstehen ist ein realer Vorgang, der allmählich fortschreitet oder plötzlich zum Durchbruch kommt (vgl. S. 15f. u. 30f.).

Es bleibt allerdings die Frage offen und bedarf experimenteller Untersuchung, ob nicht etwa neben diesen echten Bedürfnissen ein (bei den verschiedenen Individuen evtl. verschieden großer) *Fonds von „aktiver Energie"* besteht, der für Vornahmehandlungen, zu denen an sich kein echtes Bedürfnis vorliegt, zur Verfügung gestellt werden kann. Manche Erscheinungen, z. B. bei Encephalitikern (wie der rasche Übergang zur Mikrographie, das Steckenbleiben nach kurzem Anlauf), könnten eine Deutung in dieser Richtung nahelegen.

Der Gedanke, daß nicht die Intensität der Vornahmen, sondern die Tiefe des zugrunde liegenden echten Bedürfnisses entscheidend für seine Wirksamkeit ist, berührt sich mit den schon mehrfach herangezogenen Ausführungen *Lindworskys* (a. a. O.). Auch er lehnt es ab, daß die Wiederholung eines Aktes mit Notwendigkeit die den Akt setzende Fähigkeit kräftige (a. a. O., S. 242). Er sieht das Entscheidende in der Beziehung der betreffenden Vornahme zu bestimmten *Werten*, denen das Individuum nachstrebt.

(Man wird allerdings auf die Gefahr hinweisen müssen, die die Benutzung eines Terminus mit sich bringt, der häufig ausgesprochen nicht-psychologische Begriffe bezeichnet. In der Tat hat *Sigmar* (a. a. O.) bereits gefolgert, daß man in diesen Fragen die biologische Psychologie verlassen und in andere Wissenschaften übergehen müsse.)

Gewiß spielt die Wertschätzung, die ein Individuum einer Sache oder einem Ereignis entgegenbringt, für die Motivationsprozesse und sein Gesamtverhalten eine wesentliche Rolle. Aber man wird sich immer zu vergegenwärtigen haben, daß nicht irgendwelche objektive Wertskala für unsere Probleme relevant ist, sondern die subjektive momentane „Wertschätzung", die z. B. ein Kind solchen „Werten" wie dem Streicheln eines Hundes oder einem Stück Schokolade entgegenbringt und die mit dem jeweiligen „Sättigungsgrade" der betreffenden Person, ja mit jeder Situationsänderung schwankt. Vor allem aber sind zwei Fakten zu betonen: 1. Der Wert eines Dinges ist nicht einfach identisch mit seinem Aufforderungscharakter, der zu bestimmten Handlungen lockt. (Eine Summe Geldes, die sich an einem bestimmten Orte befindet, kann für jemand einen hohen Wert darstellen, ohne daß sie ihn zum Stehlen lockt, während sie in einem anderen Falle diesen Aufforderungscharakter im stärksten Grade besitzt.) Naturgemäß können zwischen Wertschätzung und Aufforderungscharakter Beziehungen bestehen. Bisweilen aber passen sie sehr schlecht zusammen. 2. Man wird nicht vergessen dürfen, *daß nicht der Wert die Energiequelle der Prozesse darstellt, sondern daß bestimmte reale seelische Spannungen, energiehaltige seelische Systeme vorhanden sein müssen*, und daß diese *dynamischen* Fakten den Prozeßablauf weitgehend bestimmen.

Hängt die Wirksamkeit des Quasibedürfnisses im wesentlichen nicht von der Intensität des Vornahmeaktes, sondern von dem realen Zusammenhang mit *echten* Bedürfnissen ab, so wird auch die im Experiment immer wieder auffallende Tatsache verständlich, warum das *phänomenale Gewand*, in dem die Vornahme auftritt, so wenig Bedeutung zu haben scheint.

Schon *Ach* hatte auf die Fälle starker Wirksamkeit von wenig intensiven Vornahmeakten hingewiesen (er bezeichnet sie als schwaches, geübtes oder unvollkommenes Wollen). Ja es gibt zahlreiche Fälle, wo man eigentlich überhaupt nicht mehr von dem Eintritt eines Vornahmeaktes reden kann und doch psychisch eine Wirkung vorhanden ist, die der eines Vornahmeaktes durchaus äquivalent ist. Die in der „Übernahme der Instruktion" dynamisch enthaltene Vornahme der Vp., geschieht häufig durch einen Akt, der von dem bloßen Verstehen der Instruktion phänomenal kaum zu unterscheiden ist; und häufig hat der bloße „Gedanke", „das und das könne man eigentlich so und so machen", oder „es wäre schön, wenn das und das geschähe", zugleich die *Funktion* einer Vornahme.

Dostojewski[1]) schildert den Extremtypus eines solchen Falles, wo ohne Akt der Vornahme, ja trotz der Unmöglichkeit, zu einem Entschluß zu kommen, auf einmal die psychisch *dynamisch-realen* Fakten wie nach Eintritt eines Entschlusses liegen: „Er fühlte deutlich, und plötzlich erkannte er ganz klar, daß er flüchten, nun ja, daß er wirklich flüchten werde, daß er aber die Frage, ob er *vor* oder *nach* (der Ermor-

---

[1]) *Dostojewski*, Die Dämonen. München Bd. II, S. 343. 1919.

dung von) Schatoff flüchten sollte, jetzt zu beantworten vollkommen außerstande war. Und er fühlte, daß er, daß er trotzdem nicht ‚*vor* Schatoff', sondern unbedingt erst ‚*nach* Schatoff' flüchten werde, und daß es so schon beschlossen, unterschrieben und versiegelt war."

Auch manche von den Fällen, wo einem der Entschluß „*entrissen*" wird, wo man ihn nicht eigentlich selbst faßt[1]), dürften eine gewisse Verwandtschaft hiermit zeigen.

In anderen phänomenal zumindest außerordentlich ähnlichen Fällen bleibt eine derartige Wirkung jedoch aus, und es ist sicher nicht gleichgültig, ob ein Bedürfnis in dem Stadium des bloßen *Wunsches* bleibt oder sich zu einem realen, bestimmten *Quasibedürfnis* verdichtet. Dabei scheint mir von wesentlicher Bedeutung zu sein, daß im letzteren Falle ein *prinzipieller Zugang zur motorischen Sphäre geschaffen wird, der zuvor nicht besteht*. Aber auch in dieser Hinsicht ist nicht der Eintritt eines ausgeprägten Erlebnisses: „Ich will wirklich" maßgebend, sondern der Umstand, ob die Zugangsmöglichkeit zur Motorik *real* gesetzt wird oder nicht.

3) Verschiedene Grade dynamischer Selbständigkeit (Abgetrenntheit von Quasibedürfnissen).

Der Grad, in dem die übrigen Bedürfnisse auf ein Quasibedürfnis *während der Ausführungshandlungen* einwirken, ist im einzelnen Falle recht verschieden.

Die Vp. bekommt die Aufgabe, mit zwei Fingern der einen Hand je eine Kupferlitze zu berühren und danach mit der anderen Hand selbst einen Taster zu bedienen, der den Strom schließt, wobei die Vp. einen heftigen elektrischen Schlag erhält. Es gibt nun Vpn., die, wenn sie sich einmal zur Aufgabe entschlossen haben, einen besonders „*sachlichen*" Eindruck machen. Die Handlung scheint besonders gradlinig (manche Beobachter sagen: militärisch) zu verlaufen. Dieser äußere Habitus stimmt mit den Selbstbeobachtungsangaben überein. Die Vp. gibt an, „beinahe wie im Traum" gehandelt zu haben und weiß hinterher auffallend wenig über ihre Erlebnisse zu berichten.

Das Verhalten der anderen Vpn. erscheint sehr viel weniger gradlinig. Auch *nach* dem Entschluß zur Übernahme zeigen sich bei ihnen jene inneren Schwankungen und widersprechenden Spannungen, die dem Entschluß voraufgegangen sind. Der Entschluß bedeutet hier keineswegs eine so beträchtliche Cäsur gegenüber den vorangehenden Prozessen wie etwa bei dem erstgenannten, „sachlichen" Vp-Typus. Paradoxerweise aber hat nicht der sachliche Typus besonders wenig Angst vor dem elektrischen Schlag, sondern in jenen Fällen, die wir im Auge haben, ist gerade bei ihm die Furcht vor der Unannehmlich-

---

[1]) *Michotte, A.* et *Prüm,* Étude expérimentale sur la choix volontaire et ses antécédents immédiats. Arch. de psych. **10**, 117—299. 1910.

keit beträchtlich stärker als bei vielen Vpn. vom mehr „subjektiven" Typus.

Der in diesem Beispiel charakterisierte Unterschied, der auch sonst eine wesentliche Rolle bei der Ausführung von Vorsätzen spielt, hängt mit allgemeinen und sehr fundamentalen Fragen über die Struktur des Psychischen zusammen, die hier nur gestreift werden können. Die Gesamtheit des Psychischen, das ein Individuum charakterisiert, bildet keineswegs eine homogene Einheit, in dem jedes Gebilde und Geschehen mit jedem anderen gleichermaßen zusammenhängt, oder in dem das Maß der gegenseitigen Beeinflussung allein von der Intensität, Mächtigkeit oder Bedeutung der betreffenden psychischen Gebilde oder Prozesse abhängt. Vielmehr gibt es psychische Sphären oder Komplexe, die in sich aufs engste zusammenhängen, die aber gegen die übrigen psychischen Komplexe eine mehr oder weniger starke Absonderung zeigen (vgl. S. 29f). Im wesentlichen hängt es von der Einbettung in denselben oder in verschiedene Komplexe ab, wie sehr ein seelisches Ereignis oder eine psychische Kraft auf die übrigen seelischen Gebilde einwirken.

Der Grad der Selbständigkeit und Abgegrenztheit eines Komplexes kann im konkreten Fall sehr verschieden sein. Dafür ein Beispiel aus der Sphäre der Motorik. Der Kinooperateur, der die Kurbel am Aufnahmeapparat gleichmäßig drehen soll, wird zunächst bei plötzlichen unerwarteten Ereignissen im Bildfeld unwillkürlich abstoppen, wird sich von Ereignissen außerhalb des Bildfeldes, von jeder Kopfbewegung und von jeder Hantierung mit der anderen Hand im Kurbeln beeinflussen lassen. Der geübte Operateur dagegen vermag unabhängig von allen diesen Einflüssen gleichmäßig zu kurbeln. Er hat die Armbewegung, das ganze Kurbeln weitgehend von seinen übrigen Hantierungen und Eindrücken abgespalten und zu einem *relativ selbständigen Handlungsorganismus* gemacht. Häufig, z. B. bei der fortlaufenden Arbeit an der Stanzmaschine, bildet eine solche Handlung die regelmäßige Antwort auf gewisse Reize.

Man pflegt in solchen Fällen von einer „mechanischen" Handlung zu sprechen. Das in unserem Zusammenhange Wesentliche ist jedoch *nicht* die *Reflexartigkeit* des Ablaufes oder das *Stereotype* der Handlung. Auch bei unregelmäßig verlaufenden Handlungen, wenn z. B. ein nicht immer in gleicher Weise geworfener Ball aufzufangen ist, oder wenn beim Kurbeldrehen die Reibungsverhältnisse sich ändern, kann wiederum „rein mechanisch" eine Veränderung der Greifbewegung resp. der Muskelspannungen beim Kurbeln als Korrektur auftreten. Der Mechanismus arbeitet also häufig wie ein richtiger ganzer Organismus, bei dem eine bestimmte „Wahrnehmungsbasis" und „Motorik" einheitlich zusammenspielt. (Allerdings kann er auch ebenso wie sonst ein Organismus, unter gewissen Umständen von der natürlichen Biegsamkeit ab ins Starre, Automatische übergehen.)

Das Wesentliche ist also nicht das Mechanische, sondern die Tatsache, daß hier ein spezieller *selbständiger „Handlungsorganismus"* entstanden ist: das Kurbeldrehen bildet jetzt nicht mehr wie zunächst einen unselbständigen Teil der Gesamtmotorik (die mit der Wahrnehmungsbasis als Ganzes zusammenspielt), sondern eine spezielle motorische Teilsphäre (das Kurbeldrehen) ist aus der übrigen Motorik abgespalten und hat sich mit einem gewissen, vorher unselbständigen Teil des Wahrnehmungsfeldes zu einem selbständigen ganzen Handlungsorganismus vereinigt. Mit anderen Worten: die Art und Stärke der Gestaltbindung, die Systemzusammenhänge sind in dynamischer Hinsicht verschoben: alte Bindungen sind gelöst und ein neues relativ geschlossenes Ganze ist gebildet.

Um einen ganz analogen Prozeß handelt es sich nun in dem oben angeführten Beispiel der Wirkung des Entschlusses. Bei der Vp., der die Aufgabe besonders unangenehm ist, und die später bei der Ausführung dennoch einen besonders sachlichen und gradlinigen Eindruck macht, haben sich die Spannungen des erzeugten Quasibedürfnisses mit dem Akt des Entschlusses ungleich stärker *von dem sonstigen Ich abgesondert* als bei den anderen Vpn. Die Grenzschicht, die damit zwischen dieses Quasibedürfnis und die übrigen psychischen Komplexe gelegt ist, wirkt nach beiden Seiten. Sie macht die Ausführungshandlung unabhängiger von den übrigen psychischen Spannungen (daher die Gradlinigkeit), aber sie scheint auch zugleich dem übrigen Individuum stärkeren Schutz gegen die Unannehmlichkeit jenes besonderen Prozesses zu bieten (die Traumhaftigkeit des Vorganges). So wird es verständlich, daß gerade bei einer Vp., die besondere Unannehmlichkeiten fürchtete, eine so weitgehende Objektivierung und Isolierung dieses speziellen psychischen Komplexes eingetreten ist.

Im Kriege hatte man während des Gefechtes häufig Gelegenheit, anologe Beobachtungen über einen gewissen Typ des sogenannten „schneidigen" Soldaten zu machen.

Der Grad der Selbständigkeit des Quasibedürfnisses gegenüber den übrigen Bedürfnisspannungen zeigt also im einzelnen Falle große Verschiedenheiten und scheint auch für verschiedene Individuen sehr verschiedene Werte annehmen zu können.

c) Die Erinnerung an beendete und unbeendete Handlungen.

Der reale Spannungszustand aus dem die Vornahmehandlung fließt, macht sich nicht nur an der Vornahmehandlung selbst bemerkbar, sondern läßt sich auch indirekt an gedächtnispsychologischen Fakten konstatieren. Man kann z. B. fragen, woran *erinnert* man sich gedächtnismäßig besser: an Vornahmehandlungen, die man *beendet* hat, oder an solche die man *nicht beendet* hat. Man könnte zunächst erwarten, daß man die beendeten Handlungen, mit denen man sich ja länger beschäftigt hat, besser behält.

Das Experiment ergibt folgendes[1]): Die Vp. hat in einer Versuchsstunde 20 Handlungen auszuführen. Ein Teil dieser Handlungen wird vor Beendigung von dem Vl. abgebrochen. Kurz nach Schluß der letzten Handlung wird geprüft, an welche Handlungen die Vp. sich noch erinnert.

Es ergab sich, daß die *unerledigten Handlungen um durchschnittlich 50% besser behalten werden, als die erledigten*. Die verschiedenen Arten von Handlungen (Endhandlung — fortlaufende Handlung [vgl. oben S. 14], interessante Handlung — gleichgültigere Handlung), sowie Typen von Vpn. weisen charakteristische Unterschiede auf. Hier kann nur allgemein darauf hingewiesen werden, daß der bei der Unterbrechung einer Vornahmehandlung bestehenbleibende *Spannungszustand*, sich also nicht nur in der Tendenz zur Wiederaufnahme der Handlung (s. S. 49f), sondern auch bei dem gedächtnismäßigen Erinnern auswirkt.

Diese Spannung hat übrigens nicht unter allen Umständen und bei allen Individuen ein besseres Behalten zur Folge, sondern kann auch „*Verdrängungserscheinungen*" zur Folge haben. Anderseits wirkt die Spannung bei Individuen von einem bestimmten *Kindlichkeitstypus* besonders stark auf das Behalten hin.

2. Die Bedingungen des Entstehens eines Vorsatzes. Vornahmehandlung, „Willenshandlung" (beherrschte Handlung) und „Trieb-" (Feld-)handlung.

Versucht man einmal, wenn auch nur grob, festzustellen, wie häufig Vornahmen im täglichen Leben eintreten, und berücksichtigt man dabei zunächst nur Vornahmen, bei denen wenigstens in gewissem Grade erlebnismäßig ein besonderer Vornahmeakt vorhanden war, so kommt man zu der zunächst überraschenden Tatsache, daß *Vornahmeakte keineswegs sehr häufig sind*. Der tägliche Lebenslauf beginnt allerdings nicht selten mit einem Vornahmeakt: es pflegen etwa 50% der befragten Studenten anzugeben, daß an dem betreffenden Tage dem Aufstehen ein besonderer Vornahmeakt dieses Inhaltes vorausgegangen ist. Aber beim Anziehen, Kaffeetrinken, Fortgehen zur Arbeit pflegen nur vereinzelt Vornahmeakte vorzukommen, die als solche konstatierbar wären, und auch im späteren Verlauf des Tages sind sie im allgemeinen nur spärlich vertreten.

Man wird das nicht nur darauf zurückführen können, daß eine Gewohnheit resp. eine übergreifende Vornahme, die den „Tageslauf" für längere Zeit festlegt, die Ursache dieses seltenen Auftretens der Vornahmeakte ist. Auch wenn man Kinder etwa beim Spiel in neuen Situationen beobachtet, hat man nicht gerade den Eindruck häufiger

---

[1]) Die Versuche wurden von Frau *Zeigarnik* im Berliner Psychol. Institut durchgeführt.

Vornahmeakte, selbst dann nicht, wenn es lebhaft zugeht und die Kinder sich z. B. zanken. Tritt irgendwo ein neues Ereignis auf, das sie herumreißt, wollen sie einen bestimmten Gegenstand haben, den ein anderes Kind hat usf., so sind auch solche Übergänge nicht durch Vornahmeakte vermittelt, sondern es liegt ein unmittelbares Ansprechen vor, das man im allgemeinen als „triebartig", als „unwillkürlich" zu bezeichnen pflegt. *Wo solche echten Bedürfnisse eine unmittelbare Rolle spielen, geht den Handlungen typisch kein Vornahmeakt voraus.* (In der Tat wäre von der Theorie des Quasibedürfnisses her ein derartiger Vornahmeakt ja auch sinnlos.)

Andererseits kann man *keineswegs alle Handlungen, denen kein Vornahmeakt vorausgegangen ist, als „Triebhandlungen" bezeichnen.* In einem Gespräch z. B. geht der Antwort auf eine Frage oder dem sonstigen Hin und Her der Rede nur ganz selten ein besonderer Vornahmeakt voraus, im wesentlichen nur dann, wenn man lügen oder etwas verbergen will. Trotzdem wird man die Reden, die Fragen und Antworten dort, wo ein Vornahmeakt fehlt, keineswegs immer triebhaft nennen können, sondern wird ihnen durchaus den Charakter des Willentlichen zu billigen müssen. Das gleiche gilt von sehr vielen Handlungen des täglichen Lebens, etwa Berufshandlungen, die nicht automatisiert sind, und die man ebenfalls nicht als unbeherrschte, triebhafte Handlungen bezeichnen kann, obschon ihnen kein besonderer Vornahmeakt vorausgegangen ist. Dieser Sachverhalt, sowie eine Reihe anderer Umstände, auf die einzugehen hier zu weit führen würde, scheinen es mir notwendig zu machen, der *Vornahmehandlung ihren Charakter als Grundfall einer Willenshandlung abzusprechen. Nicht den Umstand, ob zeitlich ein gewisser anderer Akt vorausgegangen ist oder nicht, sondern den Charakter des Handlungsgeschehens selbst wird man bei der Zuordnung des Geschehens zu einem bestimmten Typus in den Vordergrund zu stellen haben.*

Geht man von diesem Gesichtspunkt aus, so erscheinen Fälle von folgender Art als typisch nicht triebhaft, als „*Willenshandlung*": eine Gefahr, eine Unannehmlichkeit droht, aber man weicht ihr nicht aus, sondern sieht ihr ins Gesicht oder geht ihr gar entgegen; man bleibt einer Beschimpfung gegenüber ruhig; ist dem Freundlichen gegenüber kühl oder unfreundlich. Es ist der Typus der *beherrschten Handlung*, die hier in den Mittelpunkt tritt[1]).

Sehen wir einmal von *automatisierten* und den im engeren Sinne *reflexartigen* Handlungen ab, so ist der Sprachgebrauch für den Terminus „Trieb" in dieser Hinsicht allerdings nicht eindeutig. Man versteht unter *Triebhandlung* erstens eine von „unwillkürlichen, vom Individuum *nicht beherrschten* Kräften geleitete Handlung". Solche Handlungen treten zwar durchaus nicht immer als zeitlich unmittelbare

---

[1]) Vgl. auch *A. Klages*, Prinzipien der Charaktereologie. Leipzig 1921.

Wirkungen gewisser Reizkonstellationen auf und es kann ihnen sehr wohl ein Zögern vorausgehen. Andererseits aber ist das plötzliche Eingehen auf eine Reizkonstellation in der Tat häufig ein Zeichen für eine unbeherrschte Reaktion. So haben die Begriffe „triebhaft, unwillkürlich, impulsiv" ihre zweite Bedeutung als *Gegenfälle* jener Prozesse bekommen, denen ein besonderer *Vornahmeakt vorausgeht*.

Man wird jedoch betonen müssen, daß die echte Vornahmehandlung, der also ein besonderer Vornahmeakt vorausgegangen ist, durchaus nicht immer den Charakter jener Beherrschtheit trägt, die das Gegenstück zu dem ersten Begriff des Triebhaften bildet. Natürlich kann eine Vornahmehandlung auch selbst als beherrschte Handlung verlaufen. Wenn ein Kind sich vorgenommen hat, an einem Hund, vordem es Angst hat, vorbeizugehen, so wird auch das Vorbeigehen selbst bisweilen als beherrschte Handlung vollzogen, d. h. es kommt vor, daß das Kind zwar vorsichtig, aber in durchaus beherrschter, ruhiger Haltung am Hunde vorbeigeht. In sehr vielen Fällen jedoch trägt die *Vornahmehandlung selbst keineswegs den Charakter der beherrschten Handlung*, oder jedenfalls nur in sehr geringem Grade. So erfolgt in dem eben genannten Beispiel die Ausführung der Vornahme, wenn diese erst einmal gefaßt ist, häufig als durchaus unbeherrschtes Vorbeirennen, statt als beherrschtes vorsichtiges Vorbeigehen.

In diesem Falle geht also das Geschehen so vor sich, als ob neben die anderen Kräfte der Situation (des psychischen Feldes) die Vornahme einfach als weitere Kraft getreten ist, und als ob die Handlung selbst durchaus triebartig, unbeherrscht auf Grund der nunmehr bestehenden Kräfteverteilung abläuft.

Solche unbeherrschten oder wenig beherrschten Ausführungshandlungen sind bei den Vornahmehandlungen sehr häufig, ja in gewissem Sinne charakteristischer für die Vornahmehandlung als die Fälle der beherrschten Ausführung. Der gewöhnliche, einfache Reaktionsversuch, wo beim ersten Mal gewiß eine echte Vornahmehandlung vorliegt, ein Geschehen, das nur auf Grund der vorausgegangenen Vornahme der Vp. stattfindet, zeigt trotzdem in der Regel den klaren Typus einer ausgesprochen nichtbeherrschten Handlung, sobald man wirklich die eigentliche Ausführung, das Geschehen nach Eintritt des Signals, ins Auge faßt. (Erst auf Grund von Vexierversuchen oder Mißerfolgen pflegt sich auch die Handlung selbst ein wenig in der Richtung auf die beherrschte Handlung hin zu verschieben.) Gerade dann, wenn die Vornahme einen vollen Erfolg zeigt, verläuft die Ausführungshandlung nach Eintritt der Gelegenheit häufig unwillkürlich, (Einwerfen des Briefes in den Briefkasten) oder steht auf der Skala zwischen beherrschter und unbeherrschter Handlung jedenfalls der unbeherrschten Handlung näher als der beherrschten.

Man wird also den Begriff des Willentlichen im Sinne der „Vornahmehandlung" von dem Begriff des Willentlichen im Sinne der „beherrschten Handlung" wohl zu unterscheiden haben und ebenso die beiden Gegenfälle, die man beide mitunter durch den Terminus „triebhaft" kennzeichnet. Es dürfte daher im Interesse einer reinlichen Begriffsbildung zweckmäßig sein, die Termini „Wille" und „triebhaft", soweit irgendwelche Mißverständnisse zu befürchten sind, ganz zu vermeiden. Statt dessen wäre wenigstens bei den hier in Frage kommenden Problemen 1. der Terminus „*beherrschte Handlung*" mit dem Gegenbegriff der „*unbeherrschten*", oder wie ich sagen möchte, der „*Feldhandlung*" [d. h. eine Handlung, die unmittelbar den Kräften des Feldes gemäß verläuft]¹) zu gebrauchen. Daneben wäre 2. der Begriff der „*Vornahmehandlung*" zu verwenden, der jedoch *keinen bestimmten Ausführungstypus, sondern das Vorausgegangensein eines Vornahmeaktes resp. das Zurückgehen auf ein Quasibedürfnis* im Auge hat.

Jedenfalls läßt sich folgendes mit Sicherheit feststellen. Mit der Tatsache, daß eine Handlung auf eine Vornahme zurückgeht, ist der Charakter der Ausführungshandlung selbst noch keineswegs bestimmt. Sie *kann* als beherrschte Handlung verlaufen, aber gerade die Fälle relativer Unbeherrschtheit sind für sie charakteristischer und theoretisch wesentlicher. Denn in ihnen tritt die Wirksamkeit der Vornahme in mancher Hinsicht besonders rein zutage: auf Grund der Vornahme bekommen gewisse Dinge oder Ereignisse, die sonst für die betreffende Person neutral, gleichgültig geblieben wären, einen Aufforderungscharakter und führen unmittelbar zu bestimmten unbeherrschten, reinen Feldhandlungen. (Auch die Theorie der determinierenden Tendenz betont diese Fälle besonders.)

Von hier aus wird man also die wesentliche Leistung der Vornahme in der Vorbereitung²) zu sehen haben: Auf Grund des Vornahmeaktes tritt in einem späteren Zeitpunkt psychisch ein Feld auf, das ohne diese Vornahme nicht, oder nicht in dieser Form vorhanden wäre. *Durch die Vornahme werden Umstände geschaffen, die es einem später erlauben, sich einfach der Wirkung des Feldes zu überlassen,* (Brief und Briefkasten) oder auf Grund deren das spätere Feld derart umgebildet oder mit Zu-

---

¹) Naturgemäß untersteht auch die beherrschte Handlung den Kräften des gesamten psychischen Feldes. Aber bei der beherrschten Handlung geht man typisch nicht mit seiner ganzen Person in das betreffende Feld hinein; es bleibt ein gewisses Maß von Reserviertheit, von Über-der-Sache-stehen; man behält die Handlung stärker in der Hand. Anders ausgedrückt: die Abgrenzung der seelischen Systeme (s. S. 34) ist hier eine andere als bei der unbeherrschten Handlung, vor allem wohl infolge einer größeren Unabhängigkeit oder einer besseren Dominanz des „Ich-Systems".

²) Auch *G. E. Müller* (a. a. O.) sieht, wennschon sich im übrigen die hier vertretenen Anschauungen von seiner Theorie grundlegend unterscheiden, die wesentliche Leistung der Vornahme in der Vorbereitung.

satzkräften versehen wird, daß die beherrschte Handlung leichter resp. überhaupt erst durchführbar wird.

Von hier aus läßt sich auch die Frage beantworten, wann es überhaupt zu Vornahmen kommt. Die Vornahme ist nicht für die Willenshandlung im Sinne der beherrschten Handlung charakteristisch, sondern eine Vornahme im engeren Sinne tritt nur ein, wo eine gewisse *Voraussicht* besteht (ohne daß man darum ein präzises Bild von der Zukunft haben müßte; vgl. dazu auch S. 86 über den Entschluß); dann nämlich, wenn die vorauszusehende Situation an und für sich nicht jene Aufforderungscharaktere enthält, die die gewünschte Handlung schon von selbst, d. h. als bloße Feldhandlung nach sich ziehen würden. Oder aber dann, wenn Situationen vorauszusehen sind, die natürlicherweise zu Feldhandlungen führen würden, die den beabsichtigten Handlungen widersprechen.

Als typisches Beispiel mag dabei aus Versuchen, die von Fräulein *Dembo* in anderem Zusammenhang angestellt wurden, folgender Fall erwähnt werden. Eine Vp. möchte entgegen einem Verbot einen bestimmten Platz verlassen, wagt das aber nicht. D. h. sie bekommt es nicht fertig, das Weggehen als eine beherrschte Handlung auszuführen. In diesem Fall greift sie als Ausweg zu der Vornahme: „Sobald die Uhr an der Wand die und die Stellung haben wird, wird sie weggehen." (Ähnliche Fälle kommen häufig im täglichen Leben vor.) Sie schafft damit für einen späteren Zeitpunkt Aufforderungscharaktere, die unmittelbar auf das Hinausgehen hindrängen und damit die Durchführung der beabsichtigten Handlung unmittelbar herbeiführen oder wenigstens doch sehr erleichtern. (Warum zwar nicht das unmittelbare Hinausgehen, wohl aber ein solcher Vornahmeakt in der betreffenden Situation möglich ist, ist eine interessante Frage, auf die wir hier jedoch nicht eingehen können.)

Damit, daß die Vornahme gewisse zukünftige Situationen beeinflussen will, hängen auch folgende Fälle zusammen. Es kommt vor, daß man vor gewissen zu erwartenden Ereignissen oder Situationen Angst gehabt und sich dementsprechend mit „starken Vornahmen gewappnet" hat. Die konkrete Situation dagegen erweist sich als relativ harmlos, und man hat das Gefühl, mit seinen intensiven Vornahmen offene Türen eingerannt zu haben. An diesen Fällen, wo das *Wissen* über die Zukunft irrig war, wo die konkrete Situation von sich aus gar nicht die Gegenkräfte zeigt, die man erwartet hatte, wird der Zusammenhang zwischen Vornahme und Voraussicht besonders deutlich.

Der Vorgang, durch den die natürliche Wirkung des zukünftigen Feldes verändert wird, ist bei Fällen von dem Typus des eben angeführten Beispiels und den Fällen vom Typus des Einwerfens des Briefes in den Briefkasten oder des einfachen Reaktionsversuches im Grunde der gleiche. Es entsteht, wie wir sahen, ein *Quasibedürfnis* mit bestimmt fixierten oder unfixierten Aufforderungscharakteren.

Mit der Vornahme Hand in Hand geht bisweilen ein Vorgang, den man als *Entschluß* im engen Sinne bezeichnen kann. Ein funktionell wesentlicher Effekt dieses Vorganges besteht darin, daß durch ihn für eine innere Spannung der Zugang zur Handlung, zur Motorik, sei es momentan, sei es im Prinzip (also für eine zukünftige Situation) geschaffen oder erleichtert wird. Beim Entschluß in diesem engen Sinne entstehen also nicht neue seelische Spannungen (oder soweit sie mitentstehen, bilden sie nicht das Wesentliche), sondern einer *bestehenden Spannung wird der Zugang zur motorischen Sphäre* in einer Weise eingeräumt, wie er vorher nicht bestanden hat. Der phänomenologisch reinste Ausdruck für einen solchen als dynamisches Faktum definierten Entschluß ist in den Fällen einer sofortigen Handlung das Erlebnis „ich will wirklich"[1]), das „Fiat!"[2]) im Sinne von: „So werde ich es tun". Häufig handelt es sich beim Entschluß darum, daß mehrere entgegengesetzt gerichtete gespannte Systeme in einer Person gleichzeitig vorhanden sind, und daß durch den Entschluß diese Spannungssysteme in irgendeinem Sinne zum Ausgleich gebracht oder gewisse Systeme ausgeschaltet werden[3]). Jedenfalls wird eine solche innere Situation geschaffen, daß nunmehr die Handlung von einem einigermaßen eindeutigen Spannungssystem beherrscht werden kann. In solchem Falle ist bisweilen ein inneres Schwanken vor dem Entschluß (der sogenannte Kampf der Motive) zu beobachten.

Man pflegt dann von Entscheidungen zu sprechen. Dabei handelt es sich häufig zugleich darum, auch die Verbindung der konkurrierenden, zur Motorik drängenden Systeme im Interesse einer sauberen Handlung zu unterbinden. Das gelingt jedoch nicht immer ganz. Und so kommt es nicht selten dazu, daß trotz der Entscheidung die aus den abgedämmten Systemen herrührenden Spannungen sich, wenn auch in abgeschwächtem Grade, in der Handlung bemerkbar machen. So kann es zu unzweckmäßigen Mischhandlungen kommen, und häufig resultiert eine Hemmung oder Abschwächung des Handelns.

Für einen solchen funktionell definierten Entschluß lassen sich ebensowenig wie für die Vornahme eindeutige erlebnismäßige Kennzeichen angeben. Die Festigkeit des Entschlusses und die Intensität des Entschlußaktes stehen in keiner eindeutigen Beziehung und auch wesentliche Entschlüsse im funktionellen Sinne können ohne wesentliche Entschlußerlebnisse vor sich gehen.

---

[1]) *Ach*, a. a. O. *Michotte* und *Prüm* a. a. O.

[2]) *James*, Psychologie; übersetzt von Dürr 1909, S. 415.

[3]) Vgl. *Koffka* Psychologie in: Die Philosophie in ihren Einzelgebieten. Berlin 1925; ferner *Claparède*, Does the Will Express the Entire Personality? Problems of Personality, Studies in Honour of Dr. Morton Prince. London 1925, S. 39—43.

Die Vornahme im funktionellen Sinne (d. i. das Entstehen eines Quasibedürfnisses) und der Entschluß im funktionellen Sinne (d. i. die Ausschaltung oder der Ausgleich nebeneinander bestehender innerer Spannungen betreffs ihrer Herrschaft über die Handlungen [motorische Sphäre]), treten bisweilen in engster Verbindung als zwei nur begrifflich zu trennende funktionelle Komponenten desselben Geschehens, bisweilen aber auch in relativer Reinheit getrennt auf. Der innere Entschluß, das Sichentscheiden in einer bestimmten Richtung kann eine besondere Vornahme für eine spezielle Ausführungsart nach sich ziehen. Mit der Vornahme andererseits, dem Entstehen eines Quasibedürfnisses, pflegt zugleich sein prinzipieller Zugang zur Motorik gegeben zu sein, ohne daß ein besonderer Akt des Entschlusses notwendig wäre, wenigstens dann, wenn keine inneren Gegenspannungen vorliegen.

3. Das Quasibedürfnis als konditional-genetischer Begriff.

Versucht man ein bestimmtes konkretes Quasibedürfnis, das durch einen Vornahmeakt gesetzt ist, zu definieren, so kann man es, wie wir sahen, in der Regel nicht einfach als eine Tendenz zu einer ganz bestimmten Handlung bezeichnen. Ein und dasselbe konkrete individuelle Quasibedürfnis kann an und für sich bei sehr verschiedenen Gelegenheiten ansprechen und zu ganz verschiedenen konkreten Ausführungshandlungen führen, die sich gleichermaßen als geeignet erweisen, das Quasibedürfnis zu sättigen, das vorhandene gespannte System zu entspannen. *Erst das Zusammen von Quasibedürfnis und konkreter Situation bestimmt, welche Handlung ausgeführt wird.*

Wir wenden damit einen Typus von Begriffsbildung an, der sich gerade gegenwärtig in der Biologie stark ausbreitet (vgl. S. 18).

Ein bestimmtes Lebewesen (ebenso ein Organ) wird nach seinem „Genotypus" definiert als ein Inbegriff von Anlagen, die auch ihrerseits wiederum nicht als Tendenzen zu ganz bestimmten festen Handlungen oder einem bestimmten Phänotypus charakterisiert sind, sondern als Inbegriff von Verhaltungsweisen, deren jede einer bestimmten Situation zugeordnet ist, von deren Eintritt sie abhängt. Ein und dasselbe genotypische Gebilde führt also in der Situation A zu dem phänotypischen Gebilde a, in der Situation B zu dem Phänotypus b usw.[1]

---

[1] *Bühler* (Bericht über den IX. Kongreß der Gesellschaft für Psychologie 1925, Jena 1926) hat für das Verhältnis zwischen dem weitgehend variablen Material der Reflexe und dem Invarianzmoment des Instinktes den Vergleich mit der Transponierbarkeit der Melodie herangezogen, dabei aber vor einem Pressen dieses Vergleiches gewarnt. In der Tat handelt es sich dann, wenn etwa eine bestimmte Vornahme (Quasibedürfnis) nicht auf die ursprünglich vorgenommene, sondern auf eine andere Weise erledigt wird, nicht um die Durchführung einer gleichen Bewegungsstruktur mit anderem Material.

Es soll auch hier keineswegs der Begriff des Angeborenen durch den der Gewohnheit ersetzt werden. (Vgl. *Bühler* a. a. O. S. 15.)

In demselben Sinne ist das Quasibedürfnis nicht als eine Spannung, die auf eine ganz bestimmte Handlung hindrängt, zu definieren, sondern durch einen gewissen Bereich möglicher Handlungen derart, daß die verschiedenen Situationen, verschiedene Handlungen, diese jedoch notwendig, nach sich ziehen.

Entsprechendes gilt von den speziellen Prozessen, durch die sich ein bestimmtes Quasibedürfnis ausbildet. Auch hier ist *keine eindeutige Zuordnung zu einem phänotypisch bestimmten Entstehungsprozeß* möglich, sondern ein und dasselbe Quasibedürfnis kann, wie wir sahen, durch phänotypisch relativ verschiedenartige Prozesse veranlaßt werden.

Man wird gegenüber einem häufig eingeschlagenen Vorgehen betonen müssen, daß man die gleiche Begriffsbildung auch bei den Trieben und den übrigen echten Bedürfnissen wird anwenden müssen. Der Bedürfnisdruck läßt (abgesehen vielleicht von den Fällen ausgeprägter Fixation an einen engsten Kreis) einen gewissen Bereich konkreter Ausführungsmöglichkeiten und mögliche Gelegenheiten offen und *erst das Zusammen von Bedürfnis und Situation* (die ihrerseits wiederum nicht als etwas Zeitlich-momentanes aufgefaßt werden darf) *bestimmt den konkreten Prozeß auch in phänotypischer Hinsicht eindeutig.*

Mit der Stellung des Quasibedürfnisses als eines konditional-genetischen Begriffes ist zugleich seine Beziehung zum Begriff des „*Unbewußten*" bestimmt. Die Bedürfnisse unbewußt zu nennen, ist ebensowenig adäquat, wie etwa eine solche Bezeichnung für den „Genotypus" oder eine „Anlage" zutreffend wäre.

Die Unterscheidung bewußter und unbewußter Bedürfnisse behält jedoch vielleicht einen Sinn insofern, als es Bedürfnisse gibt, deren Ziele dem Individuum selbst bewußt sind, während andere nicht oder nur ausnahmsweise für kurze Momente ins Bewußtsein treten. Das Ziel und der Spannungszustand *kann* erlebt werden; der reale Spannungszustand bei einem Quasibedürfnis braucht aber nicht erlebnismäßig in Erscheinung zu treten.

Die Betonung der konditional-genetischen Begriffe bedeutet jedoch keineswegs ein In-den-Vordergrund-stellen der „*Leistungsbegriffe*". Wenn das Hinstreben zu konditional-genetischen Begriffen vielleicht auch bei der behavioristischen und reflexologischen Schule irgendwie mitspielen mag, so würde doch eine Gleichstellung der konditional-genetischen Begriffe mit den Leistungsbegriffen ein arges Mißverständnis darstellen. Im Gegenteil ist die Orientierung nach bloßen Leistungsbegriffen, wie bereits anfangs ausgeführt, ein außerordentliches Hindernis beim Vordringen zu den tiefer liegenden, konditional-genetisch zu definierenden Sachverhalten. Die äußeren Leistungen sind von hier aus gesehen dem psychisch Phänomenalen durchaus nebenzuordnen. Sie gehören beide Male auf die Seite der phänotypischen (nur daß das eine Mal „äußere", das andere Mal „innere" Beobachtung vorliegt) und nicht auf die Seite der genotypischen Begriffsbildung.

Zusammenfassung.

Die Vornahmehandlung ist nicht als Grundtyp der Willenshandlung anzusehen. Sie kommt vielmehr in allen Übergängen von beherrschter Handlung bis zur unbeherrschten, triebhaften Feldhandlung vor. Gerade die Fälle, die dem letzten Typus nahe stehen, sind für die Vornahmehandlung charakteristischer. Im ganzen wird man die Vornahmehandlungen also eher den Feldhandlungen als den beherrschten Handlungen zuzuordnen haben.

Dem entspricht, daß die Mehrzahl der beherrschten (Willens-) Handlungen eines vorausgehenden Vornahmeaktes entbehrt. Die Vornahmehandlungen sind relativ selten. Sie stellen vorbereitete Handlungen dar. Und zwar wird durch die im allgemeinen beherrschte Handlung des Vornahmeaktes eine im Grundfall *unbeherrschte Feldhandlung vorbereitet*.

Die Wirkung der Vornahme geht nach zwei Richtungen. Die eine hängt mit der *Schaffung* resp. Umgestaltung gewisser *zukünftiger psychischer Felder* zusammen, die andere hat zur Folge, daß gewissen seelischen Spannungen der momentane oder spätere *Zugang zur motorischen Sphäre* geschaffen wird. Diese beiden Wirkungen treten häufig vereint auf, bisweilen jedoch auch getrennt.

Das erste der genannten funktionellen Momente kann man als „Vornahme" im engeren Sinne bezeichnen, das zweite als „Entschluß" im engeren Sinne.

Der *Entschluß* bringt einen Ausgleich bereits bestehender, verschieden gerichteter Spannungen in der Gesamtperson mit sich oder wenigstens eine Verschiebung der inneren Situation in einer Richtung, die das Handlungsgeschehen unter die Herrschaft relativ einheitlicher Spannungen stellt.

Die andere Wirkung der in Frage kommenden Prozesse (wobei wir also von ihrer Wirkung als *Vornahme* im engeren Sinne sprechen wollen) zeigt sich u. a. darin, daß gewisse Gelegenheiten, die ohne den Vornahmeakt neutral geblieben wären, nunmehr auf Grund eines Aufforderungscharakters zu bestimmten Ausführungshandlungen führen. Diese *Gelegenheiten* können ihrem Typus nach eindeutig festgelegt, ja auf einen bestimmten individuellen, beim Vornahmeakt vorausbestimmten Fall beschränkt sein, und ebenso *kann* die *Ausführungshandlung* durch den Vornahmeakt eindeutig bestimmt sein. Dieser Fall ist jedoch nicht als der Grundtypus der Vornahme anzusprechen, und selbst bei ihm sind die die Vornahmehandlung bewegenden Kräfte *nicht* als ein durch den Vornahmeakt vollzogenes *Koppelungsphänomen* zwischen der Vorstellung der Gelegenheit und der Ausführung aufzufassen.

Der Vornahmeakt läßt häufig die Gelegenheiten, auf die die Ausführung anzusprechen hat, sowie die Art der Ausführungshandlung mehr oder weniger weitgehend unbestimmt. In diesen Fällen, in der Regel aber auch dann, wenn beim Vornahmeakt selbst eine bestimmte Gelegenheit vorgestellt war, kann die Vornahme auf verschiedenartige *nicht vorher vorgestellte Gelegenheiten* ansprechen, die gewisse sachliche

Beziehungen zu der vorliegenden Absicht resp. dem ihr zugrunde liegenden Bedürfnis zeigen. Entsprechendes gilt von den Ausführungshandlungen.

Dynamisch ist die Vornahme als das *Entstehen eines Quasibedürfnisses* zu definieren, eines Spannungszustandes, der weitgehende Parallelen und reale Beziehungen zu echten Bedürfnissen zeigt.

a) Den Quasibedürfnissen entspricht (analog den echten Bedürfnissen) ein gewisser Kreis von Dingen oder Ereignissen mit einem *Aufforderungscharakter*, der von sich aus zur Ausführung jener Handlung lockt, die dem Bedürfnis gegenüber die Rolle der Befriedigungshandlung hat (dessen Durchführung das Quasibedürfnis sättigt, d. h. die in Frage kommenden Spannungen beseitigt).

Diese Ausführungshandlungen können auch für ein und dasselbe Quasibedürfnis sehr verschiedenartig sein je nach der konkreten Ausführungssituation. Das Quasibedürfnis kann auf eine einmalige oder auf mehrmals wiederholte Handlungen hindrängen.

b) Der *Umkreis* der Gebilde mit Aufforderungscharakter hängt unter anderem von der *Stärke* des Quasibedürfnisses ab. Wo er unnatürlich eingeengt ist, liegt ein Sachverhalt vor, der der *Fixation* an bestimmte Gelegenheiten oder Befriedigungsarten bei echten Bedürfnissen entspricht. Die Fixation kann durch den Vornahmeakt selbst oder durch die (erste) Ausführung erfolgen, festigt sich aber durchaus nicht immer mit der Wiederholung.

c) Als das primäre **Faktum** ist die *Bedürfnisspannung* anzusprechen: sie führt bei genügender Stärke zum vorzeitigen Losbrechen der Ausführungshandlung, wenn der Eintritt der Gelegenheit sich verzögert; zum aktiven Aufsuchen einer Gelegenheit, wenn die Gelegenheit ausbleibt; zur Wiederaufnahme einer Handlung, wenn diese vor Erledigung unterbrochen war; schließlich zum besseren gedächtnismäßigen Behalten solcher Handlungen.

d) Ist das *Quasibedürfnis gesättigt*, so verschwinden im allgemeinen die Aufforderungscharaktere, und zwar auch im Falle einer Fixation (d. i. der besonderen Beschränkung des Bereiches der Aufforderungscharaktere). Die Aufforderungscharaktere der Gelegenheit, die beim Vornahmeakt vorgestellt waren, verschwinden in der Regel auch dann, wenn die Erledigung auf einem anderen Wege und bei einer anderen Gelegenheit erfolgt als im Vornahmeakt vorausgesehen war.

e) An Stelle der echten Erledigung kann die *Ersatzerledigung* in einer ihrer verschiedenen Formen treten. Sie hat bis zu einem gewissen Grade die gleiche Wirkung wie die eigentliche Erledigung und kann zum Vergessen einer Vornahme und zum Nichtwiederaufnehmen einer unbeendeten Handlung führen.

f) Das durch den Vornahmeakt geschaffene Quasibedürfnis bildet kein isoliertes Gebilde in der seelischen Totalität, sondern pflegt *eingebettet* zu sein in einen *bestimmten* seelischen Komplex oder in eine bestimmte Persönlichkeitssphäre. Es steht in *Kommunikation mit anderen Quasibedürfnissen und mit echten Bedürfnissen*, die auf gewisse übergreifende Willensziele oder Triebe zurückgehen. Von der Stärke und zentralen Stellung dieser Bedürfnisse hängt die Wirkungsstärke der Vornahme ab. Die Bedürfnisse, mit denen das Quasibedürfnis solchergestalt real zusammenhängt, brauchen nicht die gleichen zu sein, wie die, die zum Vornahmeakt selbst geführt haben. Das Wirksamwerden eines Quasibedürfnisses kann gehemmt werden durch entgegenstehende echte Bedürfnisse.

g) Von nicht ausschlaggebender Bedeutung ist die phänomenale Intensität des Vornahmeaktes und seine sonstige phänomenale Einkleidung.

Verlag von Julius Springer in Berlin W 9

Der Begriff der Genese in Physik, Biologie und Entwicklungsgeschichte
Eine Untersuchung zur vergleichenden Wissenschaftslehre
Von
Dr. Kurt Lewin
Privatdozent der Philosophie an der Universität Berlin

Mit 45 zum Teil farbigen Textabbildungen — XIV, 240 Seiten — 1922
RM 8.—

Die ästhetische Erscheinungsweise der Farben. Von **G. J. von Allesch**. (Sonderdruck aus „Psychologische Forschung", Band VI.) 157 Seiten. 1925.
RM 12.—

Intelligenzprüfungen an Menschenaffen. Von **Wolfgang Köhler**. Zweite, durchgesehene Auflage der „Intelligenzprüfungen an Anthropoiden I", aus den Abhandlungen der Preußischen Akademie der Wissenschaften, Jahrgang 1917, physikal.-mathem. Klasse, Nr. 1. Mit 7 Tafeln und 19 Skizzen. IV, 194 Seiten. 1921. RM 10.—; gebunden RM 13.—

Der Gegenstand der Psychologie. Eine Einführung in das Wesen der empirischen Wissenschaft. Von **Paul Häberlin,** ord. Professor an der Universität Bern. VI, 174 Seiten. 1921. RM 9.—

Die Kausalität des psychischen Prozesses und der unbewußten Aktionsregulationen. Von Dr. **Wilhelm Burkamp**. Mit 3 Textabbildungen. VI, 274 Seiten. 1922. RM 7.50

Einführung in die Probleme der allgemeinen Psychologie. Von Dr. **Ludwig Binswanger.** VIII, 384 Seiten. 1922. RM 11.50

Über das Denken und seine Beziehung zur Anschauung. Von **Paul Hertz**, a. o. Professor an der Universität Göttingen.
Erster Teil: **Über den funktionalen Zusammenhang zwischen auslösendem Erlebnis und Enderlebnis bei elementaren Prozessen.** X, 167 Seiten. 1923. RM 4.20

Psychologie der Weltanschauungen. Von Dr. med. **Karl Jaspers,** o. ö. Professor der Philosophie an der Universität Heidelberg. Dritte, gegenüber der zweiten unveränderte Auflage. XIII, 486 Seiten. 1925.
RM 15.—; gebunden RM 16.50

Printed by Books on Demand, Germany